Les chats en particulier

DORIS LESSING

Les chats en particulier

Traduit de l'anglais par Marianne Véron

Albin Michel

Édition originale anglaise :

PARTICULARLY CATS
Michael Joseph Ldt, Londres

Traduction française :

22, rue Huyghens, 75014 Paris

ISBN 2-226-01914-6

Brunilda Chantal
16 Février 85.

Pour ma fille Jean,
qui aime tant à vivre avec les chats.

Chapitre premier

Comme la maison était juchée en haut d'une colline, les faucons, les aigles et les divers oiseaux de proie qui planaient sur les courants de l'air au-dessus de la brousse, se trouvaient souvent au niveau de nos yeux, et parfois même en contrebas. On pouvait contempler d'en haut les ailes brunes et noires, d'une envergure de deux mètres, qui scintillaient au soleil et frémissaient lorsque l'oiseau amorçait un mouvement tournant. Tout en bas dans les champs, on pouvait s'allonger sans bouger dans un sillon, de préférence là où le soc avait mordu profondément, sous un écran d'herbe et de feuillages. Il fallait recouvrir de terre les jambes, trop blanches sur la terre brun-rouge malgré leur hâle, ou bien les enfouir. A une centaine de mètres au-dessus tournoyaient une douzaine d'oiseaux, les yeux rivés au sol pour guetter le moindre mouvement de souris, d'oiseau ou de taupe. On en choisissait un, par exemple celui qui se trouvait le plus précisément à l'aplomb; et l'on pouvait imaginer un instant qu'on se regardait dans les yeux : le regard froid et fixe de l'oiseau posé sur le regard froid et curieux de l'humain. Sous l'étroit corps prêt à se lancer comme une balle de fusil, entre les vastes ailes déployées, les serres s'apprêtaient. Au bout de quelques instants, ou bien de vingt minutes, il fonçait droit sur la minuscule créature qu'il avait repérée; et puis il remontait comme une flèche, dans un ample battement d'ailes, laissant derrière lui un remous de poussière rouge et une odeur âcre et chaude. Le ciel restait impassible : un immense espace bleu et silencieux, parsemé d'oiseaux qui tournoyaient par groupes.

Mais sur la colline, là-haut, il arrivait fréquemment qu'un faucon quitte à l'oblique le courant sur lequel il se laissait porter pour choisir sa proie – l'un de nos poulets. Ou même qu'il suive une route à travers la brousse, retenant prudemment ses larges ailes pour se protéger des branches envahissantes : sans doute agissait-il ainsi contre sa nature, en parcourant ces avenues d'air bordées d'arbres, au lieu de fondre droit au sol?

Nos poulets constituaient – tout au moins leurs ennemis les voyaient-ils ainsi – une réserve infiniment renouvelée de nourriture pour les faucons, les hiboux et les chats sauvages de toute la région. De l'aube jusqu'à la nuit, la volaille se mouvait sur la crête exposée de la colline, aisément repérée par les maraudeurs grâce à son plumage lustré noir, brun, blanc, ainsi qu'au vacarme perpétuel de caquetage, de pépiement, de grattement et de battement d'ailes.

Dans les fermes d'Afrique, la coutume

veut qu'on découpe le couvercle des bidons d'essence et de paraffine pour faire étinceler au soleil des carrés de métal. Pour effrayer les oiseaux, à ce qu'on dit. Mais j'ai vu un faucon s'élancer d'un arbre pour s'emparer d'une grosse poule somnolente occupée à couver, alors même qu'elle était entourée de chiens, de chats, de gens noirs et blancs. Et un jour, une douzaine de personnes attablées dehors à prendre le thé furent témoins de l'enlèvement par un faucon, dans l'ombre d'un arbuste, d'un chaton déjà bien grand.

Pendant le long silence brûlant de midi, le brusque froissement de plumage accompagné de cris pouvait tout aussi bien signifier qu'un oiseau de proie avait enlevé une volaille, ou qu'un coq avait couvert une poule. Mais il y avait quantité de poulets. Et tant d'oiseaux qu'il eût été vain de vouloir les abattre. A n'importe quel moment, si l'on levait les yeux au-dessus de la colline, on était assuré de voir un oiseau tournoyer à moins de cinq cents mètres. Sept cents mètres plus bas, une minuscule tache d'ombre frémissait sur les arbres, sur les champs. Assise immobile sous un arbre, j'ai vu des créatures se figer ou bien courir s'abriter quand l'ombre menaçante des grandes ailes déployées tout là-haut les effleurait, ou assombrissait un instant la lumière sur l'herbe, sur les feuillages. Jamais il ne s'agissait d'un oiseau seul. Deux, trois, quatre oiseaux tournoyaient en groupe. Pourquoi là, pourriez-vous vous demander? Bien sûr! Ils utilisaient tous, à différents niveaux, la même spirale d'air. Un peu plus loin, un autre groupe. En regardant bien, le ciel se révélait plein de mouchetures noires, telles des poussières dans un rayon de lumière. Dans ces kilomètres d'air bleu, combien de faucons? Des centaines? Et chacun d'eux pouvait atteindre notre basse-cour en quelques instants.

Aussi ne tirions-nous pas sur les oiseaux. Ou alors par colère. Je me rappelle ma mère, quand ce petit chat tout miaulant fut emporté dans les serres de l'aigle, qui tira toutes ses cartouches sur la bête de proie. En vain, bien sûr.

Si les heures du jour profitaient aux oiseaux de proie, les hiboux bénéficiaient de l'aube et du crépuscule. Au coucher du soleil les volailles étaient ramenées au poulailler, et les hiboux montaient la garde dans les arbres; et il arrivait souvent qu'un hibou ensommeillé s'emparât d'un poulet au petit matin, quand on ouvrait le poulailler.

Les oiseaux de proie en plein jour; les hiboux au crépuscule; mais la nuit, les chats et les chats sauvages.

Et là, il valait la peine d'employer un fusil. Les oiseaux disposaient de milliers de kilomètres d'air libre. Un chat avait une tanière, une compagne, des petits – au moins une tanière. Quand l'un d'eux choisissait notre colline pour s'établir, nous nous efforcions de l'abattre. Les chats s'infiltraient de nuit dans le poulailler, dénichant dans les murs ou les grillages des trous incroyablement petits. Les chats sauvages s'accouplaient avec nos chats, entraînaient de paisibles chatons domestiques dans une existence dangereuse à laquelle, à notre avis, ils n'étaient pas préparés. Des chats sauvages mettaient gravement en question le statut de nos chers animaux familiers.

Un jour, le domestique noir qui

travaillait à la cuisine déclara qu'il avait vu un chat sauvage dans un arbre à mi-chemin du coteau. Mon frère était absent; je pris le 22 Long Rifle et partis à sa recherche. Il était midi : pas du tout l'heure des chats sauvages. Sur un arbre encore très jeune, le chat était étiré sur une branche et crachait. Ses yeux verts luisaient. Les chats sauvages ne sont pas de jolies créatures. Ils ont un affreux pelage brun-jaune, rêche au toucher. Ils sentent mauvais. Celui-ci avait attrapé un poulet quelques heures auparavant. Sous l'arbre, le sol était jonché de plumes blanches et de miettes de viande qui empuantissaient déjà l'atmosphère. Nous détestions les chats sauvages qui crachaient, griffaient, sifflaient, et nous détestaient. C'était un chat sauvage. Je tirai. Il tomba à mes pieds, se tordit un moment parmi les plumes blanches, puis s'immobilisa. Normalement, j'aurais ramassé la carcasse par sa queue hirsute et puante pour aller la jeter dans un puits désaffecté à proximité. Mais quelque chose me troublait au sujet de ce chat. Il n'avait pas une tête de chat sauvage; et puis son pelage, quoique rugueux, semblait encore trop doux. Je devais le reconnaître. Ce n'était pas là un chat sauvage, mais bien plutôt l'un des nôtres. Nous reconnûmes en cet affreux cadavre notre Minnie, un adorable chaton qui avait disparu deux ans auparavant – emporté, croyions-nous, par un aigle ou bien un hibou. Minnie était un chat à demi persan, une créature tendre et caressante. Et, non loin de l'arbre où je l'avais abattu, nous découvrîmes une portée de petits chats sauvages; mais ils étaient réellement sauvages; les humains étaient leurs ennemis, et pour nous le prouver ils nous grifférent et nous mordirent les jambes. Nous dûmes donc les détruire. Ou plus précisément, ma mère fit en sorte qu'ils fussent détruits; car une loi de la maison, à laquelle je ne réfléchis que bien plus tard, lui attribuait ce genre de sale corvée.

Si vous y songez un peu : il y avait toujours des chats dans la maison. Aucun vétérinaire plus près que Salisbury, à cent dix kilomètres. Aucun « traitement » des chats dont je puisse me souvenir, et assurément pas des femelles. Qui dit chats dit nombreuses portées, et fréquentes. Il fallait bien que quelqu'un se débarrasse des indésirables. Peut-être les Africains qui travaillaient dans la maison et à la cuisine? Je ne me rappelle plus combien souvent résonnaient les mots *bulala yena* (tue-le!). Les oiseaux et les bêtes blessées ou faibles de la ferme et de la maison : *bulala yena!*

Mais nous avions à la maison une carabine, ainsi qu'un revolver : c'était ma mère qui s'en servait.

Ainsi, les serpents lui incombaient habituellement. Nous avions toujours des serpents. Cela semble dramatique, et ce l'était sans doute; mais ils faisaient partie de notre vie quotidienne. Je ne les craignais certes pas autant que les araignées – énormes, diverses, innombrables, elles faisaient de ma vie un enfer. Il existait les cobras, les mambas noirs, les vipères heurtantes et les vipères-flèches. Et puis un autre particulièrement déplaisant, le *bœmslang*, qui s'enroule autour d'une branche ou d'un pilier de véranda, et crache au visage de ceux qui viennent le déranger. Il se trouve souvent au niveau des yeux, de sorte que les gens deviennent aveugles.

Mais en vingt ans de serpents, le seul malheur nous vint d'un *bœmslang* qui cracha dans les yeux de mon frère. Il eut la vue sauvée par un Africain qui pratiquait la médecine indigène.

Mais on lançait sans cesse l'alarme. « Il y a un serpent dans la cuisine; ou sur la véranda; ou dans la salle à manger »; partout, semblait-il. Un jour je faillis saisir à pleines mains une vipère-flèche, la prenant pour un écheveau de laine à repriser. Mais elle s'affola la première, et son sifflement lui sauva la vie en même temps qu'à moi : je m'enfuis, et elle s'en tira. Une autre fois, un serpent se glissa dans le secrétaire qui, avec ses compartiments pleins de papiers, semblait un véritable colombier. Il fallut à ma mère et aux domestiques des heures d'efforts, pour le débusquer de là et pouvoir l'abattre. Une autre fois encore, un mamba s'introduisit sous le coffre à grains, dans la cabane aux provisions. Elle dut s'allonger sur le flanc et tirer presque à bout portant.

Un serpent niché dans le tas de bois provoqua une alerte; et je causai la mort d'un chat bien-aimé en déclarant que j'avais vu le serpent se glisser entre deux bûches. C'était en vérité la queue du chat que j'avais aperçue. Ma mère tira sur une chose grisâtre qui bougeait; le chat poussa un hurlement, le flanc arraché, rouge, à vif. Il s'agita de violents soubresauts en hurlant parmi les copeaux, et nous distinguions son petit cœur ensanglanté entre ses délicates côtes fracassées. Il mourut sous les caresses et les larmes de ma mère. Cependant que le cobra s'était lové sur une bûche haute, à deux ou trois mètres de là.

Un jour, grand tumulte de cris et d'appels; et là, sur un sentier rocheux qui serpentait entre des massifs d'hibiscus et des épines du Christ, un chat affrontait en combat un long serpent noir et agile. Le serpent se glissa dans la large haie d'aubépine et y demeura, guettant de ses yeux étincelants le chat qui ne pouvait approcher. Le chat resta là tout l'après-midi, à tourner autour des massifs épineux où se terrait le serpent, crachant, sifflant, miaulant dans sa direction. Mais quand tomba la nuit, le serpent s'échappa sans difficulté.

Des éclairs de mémoire, des histoires

sans début ni fin. Qu'advint-il du chat étendu sur le lit de ma mère, qui miaulait de souffrance, les yeux gonflés de venin de serpent? Ou de la chatte qui vint pleurer dans la maison, traînant par terre son ventre enflé de lait inemployé? Nous allâmes aussitôt voir ses petits, dans la vieille caisse de la cabane à outils, mais ils avaient disparu; et le domestique examina les traces imprimées dans la poussière, tout autour de la caisse, puis déclara, *enyorka.* Un serpent.

Au fil de l'enfance, des gens, des animaux, des événements surgissent, sont acceptés, puis disparaissent sans qu'aucune explication soit donnée ou demandée.

Mais maintenant, en me souvenant des chats, toujours des chats, des centaines d'incidents impliquant des chats, des années et des années de chats, je suis tout simplement effarée par la quantité de travail qu'ils devaient représenter. A Londres aujourd'hui j'ai deux chats et, bien souvent, je me dis : Quelle absurdité de se donner tout ce mal et tous ces soucis pour deux petits animaux.

Toutes ces tâches devaient être

accomplies par ma mère. Le travail de la terre pour l'homme; les tâches domestiques pour la femme, même si l'entretien d'une maison représentait infiniment plus de travail qu'on ne l'imagine quand on vit en ville. C'était son travail, aussi, parce qu'une nature revendique la tâche qui la concerne. Elle était essentiellement humaine, sensée, perspicace. Mais par-dessus tout, et dans toutes les circonstances, sensée, et davantage encore : elle appartenait à cette partie de l'humanité *qui comprend comment marchent les choses :* et qui travaille dans le même sens. Un rôle assez ingrat.

Mon père comprenait assez bien les choses; c'était un homme de la campagne. Mais par son attitude il semblait s'insurger; quand il fallait faire quelque chose, prendre une décision, c'était ma mère qui avait le dernier mot. « Bon, eh bien sans doute est-ce bien ainsi, disait-il avec une ironie rageuse et non dénuée d'admiration. La nature, capitulait-il, reste donc à sa place. »

Mais ma mère, dont la nature était l'élément, le devoir et la charge aussi, ne perdait pas de temps en philosophie sentimentale. « Tu t'en tires encore bien, non? » rétorquait-elle avec humour, même si cet humour la tuait; mais aussi avec rancœur, car ce n'était pas mon père qui noyait les chatons, abattait le serpent, tuait les volailles malades, ou brûlait du soufre dans les fourmilières : mon père aimait beaucoup les fourmis blanches, et s'attardait volontiers à les observer.

Et cela rend plus difficile encore la compréhension de ce qui aboutit à cet affreux week-end, où je me retrouvai seule avec mon père et une quarantaine de chats.

Tout ce que je puis me rappeler de cette époque, en matière d'explication, est cette réflexion : « Elle est devenue trop faible et ne peut plus supporter de noyer un chat. » Sur un ton d'impatience, d'exaspération, et, de ma part, de colère froide et implacable. Je me dressais à l'époque contre ma mère, dans un combat à mort, un combat pour survivre, et peut-être cela avait-il quelque chose à y voir, je n'en sais rien. Mais à présent je m'interroge avec horreur sur cet effondrement de son courage. Ou bien s'agissait-il d'une revendication contestataire? Quelles souffrances intérieures s'exprimaient donc par ce biais? Que disait-elle en vérité, pendant toute cette année où elle se refusa à noyer les petits chats ou à tuer les chats qui en avaient si manifestement besoin? Et, enfin, pourquoi s'en alla-t-elle, nous abandonnant tous deux, alors qu'elle savait pertinemment – car elle devait le savoir, la menace était fréquemment formulée – ce qui allait se produire?

Une année, moins même, du refus de ma mère à continuer d'assumer son rôle de régulateur, d'arbitre, d'équilibre entre la raison et les proliférations démesurées de la nature, avait suffi à infester de chats la maison, les hangars, la ferme, et toute la brousse qui entourait notre exploitation. Des chats de tous les âges; des chats domestiques, des chats sauvages, et des chats de tous les stades intermédiaires; des chats galeux, aux yeux malades, estropiés, mutilés. Pis encore, une dizaine de chattes étaient grosses. Rien n'empêcherait, d'ici quelques semaines, que nous nous retrouvions envahis par cent chats ou davantage.

Il fallait faire quelque chose. Mon père le disait. Je le disais. Les domestiques le disaient. Ma mère serrait les lèvres sans rien dire, mais elle s'en alla. Avant de partir, elle fit ses adieux à sa chatte préférée, une vieille chatte tigrée qui était la mère de tous les autres. Elle la caressa tendrement en pleurant. Et je me souviens bien du sentiment de futilité que j'en éprouvais, car je ne pouvais pas comprendre l'impuissance de ces larmes.

Dès l'instant où elle fut partie, mon père répéta à plusieurs reprises : « Bon, eh bien il faut s'y mettre, non? » Oui, il le fallait; et il appela donc le vétérinaire de la ville. Ce qui n'avait rien de simple. Nous partagions la ligne téléphonique avec une vingtaine d'autres fermiers. Il fallait attendre que les bavardages et les nouvelles des cultures s'épuisent, puis appeler le central et demander une ligne pour la ville. On vous rappelait quand il y avait une ligne libre, et cela pouvait prendre une heure ou deux. Cette attente rendait la situation plus détestable encore, tout en regardant les chats et en regrettant que ce ne soit pas déjà terminé. Assis côte à côte sur la table de la salle à manger, nous attendîmes que sonne notre appel. Enfin nous obtînmes la communication avec le vétérinaire, qui nous révéla que la manière la moins cruelle de tuer des chats adultes consistait à les chloroformer. Il n'y avait pas de pharmacie plus près que Sinoia, à trente kilomètres. Nous nous rendîmes à Sinoia, mais la pharmacie était fermée pour le week-end. De Sinoia, nous téléphonâmes à Salisbury pour demander à un pharmacien de nous expédier un grand flacon de chloroforme par le train du lendemain. Il répondit qu'il essaierait. Ce soir-là nous nous installâmes sur la véranda, sous les étoiles; c'était toujours là que nous passions nos soirées, à moins qu'il ne plût. Nous nous sentions malheureux, fâchés, honteux. Nous nous couchâmes de bonne heure pour faire passer le temps plus vite. Le lendemain était samedi. Nous allâmes à la gare, mais il n'y avait point de chloroforme pour nous dans le train. Le dimanche, une chatte mit six chatons au monde. Ils étaient tous déformés : chacun avait quelque chose d'anormal. A cause de la consanguinité, affirma mon père. Si c'était le cas, il était effarant de constater qu'en moins d'un an, cela pouvait transformer quelques bêtes saines en une armée d'infirmes malades et délabrés. Le domestique fit disparaître les nouveau-nés, et nous passâmes une nouvelle journée dans la morosité et la consternation. Le lundi, nous retournâmes à la gare, et prîmes livraison de notre commande de chloroforme. Ma mère devait revenir le soir même. Dans une grande boîte à biscuits en fer qui fermait bien, nous enfermâmes un vieux chat triste et malade avec un gros tampon imbibé de chloroforme. Je ne recommande pas cette méthode. Le vétérinaire nous avait affirmé que ce serait instantané, mais il n'en fut rien.

Finalement, nous rassemblâmes les chats dans une pièce, et mon père s'enferma avec eux, armé de son revolver de la Première Guerre mondiale; plus précis, disait-il, qu'une carabine. Une détonation éclata, puis une autre, et une autre, indéfiniment. Les chats que nous n'avions pas encore attrapés pressentaient leur destin. Ils miaulaient et criaient dans les fourrés cependant que nos domestiques les pourchassaient. A un moment, mon père sortit de la pièce, le visage blême, les lèvres contractées, les yeux humides. Il vomit. Puis il jura abondamment et retourna dans la pièce, où la fusillade reprit. Il en émergea enfin. Les domestiques allèrent alors ramasser les cadavres pour les jeter dans le puits désaffecté.

Quelques chats s'étaient échappés – trois d'entre eux ne revinrent jamais dans cette maisonnée meurtrière; sans doute avaient-ils choisi de tenter leur chance dans le retour à la vie sauvage. Quand ma mère revint de son voyage, et que le voisin qui l'avait conduite fut reparti, elle traversa sans un mot la maison désormais vide où ne restait plus qu'un seul chat, sa vieille préférée, endormie sur son lit. Ma mère n'avait pas demandé que nous épargnions cette chatte, car elle était vieille et de médiocre santé. Mais elle avait espéré la retrouver; et elle resta un long moment à lui parler en la caressant. Puis elle sortit sur la véranda. Mon père et moi nous y trouvions déjà, assassins et accablés de l'être. Elle s'assit. Mon père roulait une cigarette, et ses mains tremblaient encore. Il leva les yeux vers elle, et déclara : « Que cela ne se reproduise plus jamais. »

Et cela ne se reproduisit sans doute plus jamais.

Chapitre deux

Cet holocauste de chats m'avait fâchée à cause de sa nécessité même, qui eût pu être évitée; mais je ne me souviens pas d'en avoir éprouvé du chagrin. J'étais protégée contre cela par la peine que m'avait causée la mort d'un chat quelques années auparavant, à l'âge de onze ans. Je me jurai alors, sur le corps lourd et froid qui, inexplicablement, était la créature légère et vive de la veille : jamais plus. Mais je l'avais déjà juré avant, et je le savais. Quand j'avais trois ans, d'après mes parents, lors d'une promenade dans Téhéran avec ma nurse, j'avais malgré toutes ses protestations ramassé un petit chat affamé dans la rue et l'avais rapporté chez nous. C'était mon chat à moi, prétendait-on que j'avais déclaré, et j'avais lutté pour le garder alors que toute la maisonnée lui refusait asile. On l'avait lavé au permanganate parce qu'il était très sale, et ensuite il avait élu sa résidence sur mon lit. Je ne voulais pas qu'on me l'enlève. Mais il avait bien fallu me l'enlever quand même, bien sûr, car la famille quitta la Perse et le chat resta en arrière. Ou bien peut-être mourut-il. Peut-être – mais qu'en sais-je? En tout cas, quelque part, une toute petite fille s'était battue et avait gagné un chat qui lui tenait compagnie nuit et jour; et puis elle l'avait perdu.

Après un certain âge, et pour certains d'entre nous cela peut commencer très jeune, il n'existe pas de gens, de bêtes, de rêves, de visages, d'événements nouveaux : tout s'est déjà passé avant, ils étaient déjà apparus, masqués différemment, arborant différents vêtements, différentes nationalités, différentes couleurs; mais les mêmes, pareils, et tout n'est plus qu'écho et répétition; et il n'est point même de chagrin qui ne soit la résurgence de quelque chose oublié depuis longtemps, et qui s'exprime par une incroyable peine, des journées de larmes, de solitude, de perception de trahison – et tout cela pour un petit chat de rien du tout qui meurt.

Cet hiver-là j'étais malade, ce qui créait des problèmes, car on devait justement chauler ma vaste chambre. On m'installa donc dans la petite pièce du fond de la maison. La maison, située presque au sommet de la colline, semblait toujours sur le point de glisser dans les champs de maïs qui s'étendaient en contrebas. Cette minuscule chambre, tout au plus une humble tranche au bout de la maison, avait une porte toujours ouverte et des fenêtres toujours ouvertes aussi malgré le vent froid de juillet, dans ces cieux d'un interminable bleu clair. Le ciel, plein de soleil; les champs, illuminés. Mais froids, très froids. Le chat, un persan gris-bleu, arriva en ronronnant sur mon lit et s'installa, bien décidé à partager ma maladie, mes repas, mon oreiller, mon sommeil. Le matin au réveil, je tournais mon visage vers l'étoffe glacée; l'extérieur de la couverture en fourrure était froid; l'odeur de la chaux fraîche dans la pièce à côté me parvenait, froide et aseptisée; le vent qui soulevait la poussière, dehors, était glacial – mais au creux de mon bras, une chaleur légère et ronronnante, le chat, mon ami.

A l'arrière de la maison, on avait enfoncé dans la terre un baquet en bois pour recueillir les eaux usées de la salle de bains : à la ferme, il n'existait pas de tuyaux pour amener l'eau courante jusqu'à des robinets : quand il n'y avait plus d'eau on allait la chercher au puits en char à bœufs, à trois kilomètres de la maison. Pendant les mois que durait la saison sèche, la seule eau d'arrosage du jardin était l'eau sale de la salle de bains. Le chat tomba dans ce baquet plein d'eau chaude. Il hurla, fut sorti de là dans un vent glacial et lavé au permanganate parce que le baquet était sale et contenait des feuilles et de la poussière en plus de l'eau savonneuse, puis on le ramena dans mon lit pour qu'il s'y réchauffe. Mais il éternuait, respirait à grand-peine, et devint brûlant de fièvre. Il avait une pneumonie. Nous le soignâmes avec ce que nous avions dans la maison, mais cela se passait avant les antibiotiques, et il mourut. Pendant une semaine, il resta dans mes bras à ronronner, ronronner d'une petite voix tremblante et rauque qui s'affaiblissait, et finit par se taire; il me léchait la main, ouvrait d'énormes yeux verts quand je murmurais son nom et le suppliais de rester en vie; puis il les ferma, mourut, et on le jeta dans le grand puits – il avait plus de trente mètres de fond – qui s'était asséché parce que les rivières souterraines avaient modifié leur cours, une année, et transformé ce que nous prenions pour un puits sûr en un grand trou sec et craquelé qui se trouva bientôt à demi rempli d'ordures, de boîtes de conserve, et de cadavres d'animaux.

Voilà. Jamais plus. Et pendant des années je comparai les chats de mes amis, les chats des magasins, les chats des fermes, les chats de la rue, les chats sur les murs, les chats de mes souvenirs, avec cette douce créature bleu-gris qui pour moi était le chat par excellence, le Chat, à jamais irremplaçable.

Et puis pendant fort longtemps ma vie ne s'encombra d'aucun bagage inutile, d'aucun ornement. Les chats n'avaient pas leur place dans une existence passée à changer d'endroits, à changer de chambre. Un chat a besoin de lieu fixe tout autant que de maître pour s'établir.

Et c'est seulement vingt-cinq ans plus tard que ma vie put s'ouvrir à un chat.

Chapitre trois

C'était dans un vaste appartement fort laid, situé dans Earl's Court. Ce qu'il nous fallait, décidâmes-nous, c'était un chat costaud, pas compliqué et peu exigeant, capable de se défendre dans ce qui était manifestement, à regarder par les fenêtres de l'arrière, une bagarre sans merci pour régner sur les cours et les murs. Il fallait qu'il pût attraper des souris et des rats, et sinon manger ce qu'on lui proposerait. Il ne fallait surtout pas que ce fût un chat de race pure et donc délicat.

Cette définition n'avait bien sûr rien à voir avec Londres, elle datait de l'Afrique. Ainsi, à la ferme, nous donnions aux chats des bols de lait tiède lorque les seaux de la traite arrivaient; les favoris recevaient les restes des repas, mais jamais de viande : ils devaient l'attraper eux-mêmes. S'ils tombaient malades et ne guérissaient pas en quelques jours, on les abattait. Et puis dans une ferme on peut avoir dix ou douze chats sans penser qu'il leur faut une caisse avec de la sciure. Quant aux bagarres et aux répartitions de domaines, elles se déroulaient autour d'un coussin, d'un fauteuil, d'une caisse dans un coin de hangar, d'un arbre, d'une tache d'ombre. Ils se taillaient des territoires les uns contre les autres, contre les chats sauvages et les chiens de la ferme. Une ferme est un lieu ouvert, et l'on s'y bat donc davantage qu'en milieu urbain, où un chat – deux chats parfois – possède une maison ou un appartement et les défend contre les visiteurs et les agresseurs. Ce que ces deux chats se feront entre eux dans les limites de ce domaine, c'est une autre affaire. Mais la ligne de défense contre les étrangers est la porte de service. A Londres, une de mes amies dut placer un bac à sable à l'intérieur de sa maison pendant des semaines, parce que son chat se trouvait assiégé par une douzaine d'autres qui montaient la garde autour des murs et des arbres du jardin, prêts à attaquer. Puis les alliances de la guerre se modifièrent, et il put reconquérir son propre jardin.

C'était une chatte noire et blanche à mi-chemin de l'âge adulte, d'origine indistincte, et garantie propre et paisible, une assez brave bête, mais je n'en étais pas éprise; je ne succombai pas; en bref, je me protégeais. Je la jugeais névrosée, nerveuse, compliquée; mais c'était fort injuste de ma part, car une vie de chat des villes est tellement artificielle que jamais il n'acquiert l'indépendance d'un chat de ferme. J'éprouvais de la contrariété à voir qu'elle attendait notre retour à la maison – comme un chien; elle voulait être dans la même pièce et

attirer notre attention – comme un chien; il lui fallait une assistance humaine quand elle mettait bas des chatons. Quant aux habitudes alimentaires, elle gagna le combat dès la première semaine.
Jamais, pas une seule fois, elle ne mangea autre chose que du foie de veau cuit légèrement, et du merlan bouilli. Où avait-elle acquis ces goûts? demandai-je à son ancien maître qui, bien sûr, n'en savait rien. Je déposai par terre à son intention des aliments en conserve; des restes de notre repas; mais elle ne manifesta d'intérêt que quand nous mangeâmes du foie. Ce serait du foie, et rien d'autre. Et elle ne mangeait ce foie que cuit au beurre. Je décidai un jour de l'affamer pour la faire plier. « Il est ridicule de nourrir un chat, etc., quand tant de gens dans le monde meurent de faim, etc. » Pendant cinq jours je lui offris des aliments pour chats et des restes de nos repas. Pendant cinq jours elle contempla l'assiette d'un œil critique et s'écarta. Chaque soir je retirais l'assiette de nourriture rancie, ouvrais une nouvelle boîte, et remplissais de lait son écuelle. Elle accourait pour voir ce que j'avais

préparé, buvait un peu de lait, et s'en allait. Elle maigrissait. Elle devait avoir terriblement faim. Mais ce fut moi qui capitulai.

A l'arrière de cette grande maison, un escalier de bois menait du palier du premier étage jusqu'à la cour. Elle se tenait là, dominant une douzaine de cours, la rue, et un appentis. Quand elle arriva, des chats accoururent de partout pour examiner la nouvelle venue. Elle se tenait immobile sur la marche du haut, prête à s'élancer dans la maison s'ils approchaient trop près. Elle était plus petite de moitié que les gros chats de gouttière qui la guettaient. Beaucoup trop jeune, me disais-je, pour avoir des petits; mais avant de finir sa croissance elle était grosse, et il ne lui fit assurément aucun bien d'avoir des chatons quand elle-même en était encore un.

Ce qui m'amène à notre vieille amie la Nature. Censée savoir si bien les choses. A l'état de nature, une chatte devient-elle gravide avant d'achever sa croissance? A-t-elle des petits quatre, cinq fois par an, à six bébés par portée? Bien sûr, un chat n'est pas qu'un consommateur de souris et d'oiseaux; il fournit aussi la nourriture des aigles qui guettent dans le ciel, au-dessus des fourrés où la mère se cache avec ses petits. Un chaton que la curiosité fait sortir de sa cachette disparaîtra entre les serres d'un aigle. Fort vraisemblablement, une mère chatte occupée à chercher de la nourriture pour elle-même et sa progéniture ne parviendra à protéger qu'un seul de ses chatons, ou bien deux. On peut aisément observer qu'une chatte domestique, si elle a cinq ou six petits et qu'on lui en prend deux, s'en rend à peine compte : elle se plaindra et les cherchera brièvement, puis elle les oubliera. Mais si elle a deux chatons et que l'un disparaît avant le moment normal, c'est-à-dire avant les six premières semaines, alors la voilà plongée dans les affres de l'angoisse et elle le cherche partout dans la maison. Une portée de six petits chatons bien au chaud dans un panier peut sans doute être considérée comme un repas d'aigle ou de faucon rangé à la mauvaise place. Mais alors, que la nature est donc inflexible, intraitable : si les chats sont les amis de l'homme depuis tant de siècles, la nature n'aurait-elle pas pu s'adapter, juste un peu, et assouplir la formule : cinq ou six petits par portée, et quatre portées par an?

Cette première portée de la chatte s'annonça par force gémissements. Elle savait qu'il allait se produire quelque chose; et elle faisait en sorte d'avoir quelqu'un à proximité quand le moment viendrait. A la ferme, les chattes allaient mettre bas dans des recoins éloignés et secrets; puis elles reparaissaient un mois plus tard avec leurs petits pour leur faire boire du lait au bol. Je ne me souviens pas d'avoir jamais dû fournir à nos chattes des litières pour leurs petits. La chatte noire et blanche se vit proposer des paniers, des fonds d'armoire et de penderie. Rien de tout cela ne parut lui plaire; mais elle nous suivit partout pendant les deux jours précédant la naissance, en miaulant et se frottant contre nos jambes. Quand elle entra en travail, ce fut sur le sol de la cuisine parce qu'il y avait quelqu'un à la cuisine. Un linoléum bleu et froid, sur lequel une grosse chatte miaulait pour nous retenir et ronronnait, les yeux fixés sur nous par crainte de nous voir partir. Nous apportâmes un panier, l'y installâmes, et quittâmes la cuisine pour aller travailler. Elle nous suivit. Il était donc clair que nous devions rester auprès d'elle. Le travail dura des heures et des heures. Enfin le premier chaton apparut, mais il se présenta à l'envers. Une personne tint la chatte, une autre tira sur les petites pattes gluantes du bébé. Il sortit enfin, mais la tête restait coincée. La chatte hurlait, mordait, griffait. Une contraction expulsa enfin le chaton, et aussitôt la chatte affolée de douleur se retourna et le mordit à la nuque; il mourut. Lorsque les quatre autres bébés furent nés aussi, nous pûmes constater que le premier-né, celui qui était mort, se révélait le plus gros et le plus fort. Cette chatte donna naissance à six portées, chacune de cinq petits, et chaque fois elle tua le premier-né à cause de la souffrance qu'il lui avait causée. A part cela, elle était bonne mère.

Le père était un gros chat de gouttière noir avec qui, quand elle était en chaleur, elle allait se rouler dans la cour; et qui, le reste du temps, se tenait sur la marche du bas de l'escalier en bois et léchait son pelage, tandis qu'elle faisait de même sur la marche la plus haute. Elle n'aimait guère qu'il vienne dans l'appartement – elle le chassait. Quand les chatons atteignirent l'âge de pouvoir descendre dans la cour, ils vinrent s'asseoir sur la marche, un, deux, trois, quatre, représentant toutes les variations du noir et blanc, et ils contemplèrent d'un œil craintif le gros chat noir qui les guettait. C'était finalement la mère qui les menait, la queue dressée, ignorant superbement le chat noir. Ses petits la suivaient, et passaient devant lui. Dans la cour, elle leur enseignait la propreté tandis qu'il les observait. Puis elle remontait les marches suivie de sa progéniture, un, deux, trois, quatre.

Ils ne mangeaient rien d'autre que du foie légèrement cuit au beurre, et du merlan légèrement bouilli; ce que je cachai à leurs acquéreurs potentiels.

Les souris ne constituaient aux yeux de cette chatte, ainsi qu'à ceux de tous ses petits, qu'un sujet de curiosité.

L'appartement était doté d'une ingénieuse combinaison que je n'ai vue nulle part ailleurs à Londres. Quelqu'un avait ôté une douzaine de briques du mur de la cuisine, et placé un grillage métallique du côté extérieur, et une porte du côté intérieur créant ainsi dans l'épaisseur du mur une sorte de placard qui manquait peut-être aux lois élémentaires de l'hygiène, mais qui remplaçait ces indispensables garde-manger de naguère. On pouvait y conserver frais le pain et le fromage, sans les soumettre au froid excessif du réfrigérateur, et ils gardaient ainsi le taux d'humidité souhaitable. Cependant, les souris venaient volontiers dans ce petit garde-manger. Elles vivaient à l'intérieur des murs, et avaient désappris toute crainte à l'égard des humains. Si j'entrais soudainement dans la cuisine et y trouvais une souris, elle me dévisageait d'un œil vif et attendait que je m'en aille. Si je restais sans bouger, elle se désintéressait de moi et poursuivait ses recherches de nourriture. Si je faisais du bruit ou que je lançais quelque chose dans sa direction, elle disparaissait dans le mur, mais sans manifester la moindre panique.

Je me sentais incapable de disposer des pièges métalliques pour ces confiantes créatures; mais il me semblait qu'un chat constituait en quelque sorte une contre-attaque honnête. La chatte n'avait prêté aucune attention aux souris. Un jour, j'entrai dans la cuisine et trouvai la chatte vautrée sur la table de la cuisine, qui regardait deux souris par terre.

Peut-être la présence de ses petits stimulerait-elle ses prétendus vrais instincts? Elle ne tarda pas à mettre bas et, quand les chatons furent assez grands pour descendre l'escalier, j'enfermai la chatte et ses quatre petits dans la cuisine, en fis disparaître toute nourriture solide, et les y laissai pour la nuit. Je descendis vers l'aube pour boire un verre d'eau, allumai la lumière, et vis la chatte allongée par terre, qui nourrissait ses petits, un, deux, trois, quatre; à un mètre de là, une souris immobile manifestait que la lumière la dérangeait – mais pas la chatte. La souris ne s'enfuit même pas : elle attendit simplement que je m'en aille.

La chatte appréciait, ou du moins tolérait, la compagnie des souris; et elle désarma un chien d'en bas assez sot qui, sur le point de l'attaquer, capitula parce qu'elle venait se frotter en ronronnant contre ses pattes, ignorant manifestement que les chiens fussent des ennemis. Il devint par la suite son ami, et celui de tous ses chatons. Mais elle manifesta en revanche de la terreur en une occasion où, s'il est vrai que les chats soient des créatures de la nuit adaptées à l'obscurité, elle aurait dû garder tout son calme.

Un après-midi, la nuit tomba soudain sur Londres. Je me tenais à la fenêtre de la cuisine et buvais du café avec une amie après le déjeuner, quand l'air devint sale et sombre. Les réverbères s'allumèrent. Entre la clarté du jour et l'obscurité complète, dix minutes à peine s'étaient écoulées. La peur nous saisit. Avions-nous perdu le sens du temps? Cette fameuse bombe avait-elle fini par exploser et recouvrir notre terre d'un nuage de pollution? L'une de ces usines mortelles qui parsèment cette jolie île avait-elle accidentellement laissé échapper un gaz léthifère? Étaient-ce là, en bref, nos derniers moments? Faute d'information, nous restâmes à regarder par la fenêtre. C'était un ciel lourd, étouffant, sulfureux; une obscurité jaunâtre et crasseuse; et l'air nous brûlait la gorge, comme dans un puits de mine après une explosion.

Il régnait un extraordinaire silence. Dans les moments de crise, cette attente silencieuse constitue le premier symptôme de Londres, plus troublant que tout autre.

Pendant ce temps, la chatte se tenait immobile sur la table et tremblait. De temps à autre elle laissait échapper, non pas un miaulement, mais un gémissement, une plainte interrogative. Soulevée de la table et caressée tendrement, elle se débattit et s'échappa, puis rampa craintivement dans l'escalier pour monter se blottir sous un lit, où elle demeura en tremblant. Exactement comme un chien, en fait.

Une demi-heure plus tard, l'obscurité se dissipa. Des courants d'air contradictoires avaient bloqué sous un plafond d'air obstinément immobile les émanations polluées de la ville qui, normalement, s'évacuent vers les hauteurs du ciel. Puis un vent nouveau s'éleva, dissipa la masse, et la ville put à nouveau respirer librement.

La chatte resta cachée sous le lit tout l'après-midi. Quand finalement nous parvînmes à la convaincre d'en sortir, dans les lueurs fraîches et propres du crépuscule, elle prit place sur le rebord de la fenêtre et regarda tomber la nuit – la vraie nuit. Puis elle fit sa toilette et lissa son pelage désordonné par l'effroi, but un peu de lait, et se ressaisit.

Peu de temps avant de quitter cet appartement, je dus m'absenter tout un week-end et confiai ma chatte à une amie. A mon retour, elle était entre les mains d'un vétérinaire, avec une fracture du pelvis. Devant une haute fenêtre s'étendait un toit plat, où elle avait coutume d'aller s'allonger pour se chauffer au soleil. Et elle était tombée de ce toit, au troisième étage, jusque dans la cour. Sans doute avait-elle perdu l'équilibre par suite de quelque grande frayeur. Quoi qu'il en soit, il fallut la piquer, et je décidai qu'il était absurde d'avoir un chat à Londres.

L'endroit où je vécus ensuite ne convenait pas aux chats. C'était un immeuble de six minuscules appartements superposés, et reliés par un glacial escalier de pierre. Ni cour ni jardin : la terre nue la plus proche devait être celle de Regent's Park, à près d'un kilomètre. Un pays hostile au chat, diriez-vous; mais un gros chat couleur d'écaille ornait la vitrine d'un épicier; il m'expliqua que le chat dormait là, seul, la nuit; et que pour partir en vacances il le lâchait dans les rues pour trouver à se nourrir lui-même. Inutile de discuter avec lui, car il ajouta : N'a-t-il pas l'air heureux et bien portant? Si, en effet. Et il vivait ainsi depuis cinq ans.

Pendant quelques mois, un gros chat noir élut domicile dans l'escalier de l'immeuble, n'appartenant apparemment à personne. Il souhaitait appartenir à l'un de nous. Il attendait qu'une porte s'ouvre pour laisser entrer ou sortir quelqu'un, et il miaulait alors, mais timidement, comme après avoir souffert bien des rebuffades. Il buvait du lait, mangeait des restes, se frottait contre les jambes, implorant d'être gardé. Mais sans insistance et, bien sûr, sans espoir. Nul ne lui offrait de rester. Comme toujours, la question des litières de sciure se posait. Personne ne pouvait supporter l'idée de devoir monter et descendre cet escalier avec des chargements de sciure souillée pour les déverser dans les poubelles. Et puis, le propriétaire aurait vu cela d'un fort mauvais œil. Et puis d'ailleurs, ajoutions-nous pour apaiser notre conscience, il appartenait sans doute à quelque commerçant du quartier et venait simplement en visite. Nous nous contentions donc de le nourrir.

Dans la journée, il se tenait sur le trottoir pour regarder la circulation, ou bien faisait la tournée des magasins : un vieux chat fort courtois; très doux; dénué de prétentions.

Au coin de la rue se trouvaient toujours trois charrettes des quatre-saisons, appartenant à trois personnes déjà âgées, deux frères, un gros et un maigre, et la femme du gros, qui était également grosse. Ils étaient tous trois fort petits, mesurant peut-être un mètre cinquante ou à peine davantage, et plaisantaient sans cesse, presque toujours au sujet du temps. Quand le chat leur rendait visite, il s'installait sous une charrette et mangeait des miettes de leurs sandwiches. La petite dame toute ronde, qui avait les joues si rouges qu'elles paraissaient même foncées, et qui était la femme du petit bonhomme tout rond, disait qu'elle aurait bien volontiers ramené le chat chez elle, mais qu'elle craignait ce faisant de déplaire à son brave Tibby. Le frère maigre qui ne s'était jamais marié et vivait avec eux, disait en plaisantant qu'il allait l'emmener chez lui pour lui tenir compagnie, et qu'il le défendrait contre Tibby : un homme sans femme avait bien besoin d'un chat. Je pense qu'il l'aurait fait, mais il mourut soudainement d'un coup de chaleur. Quelle que fût la température, les trois compères s'emmitouflaient de toutes les écharpes, vestes, chandails et manteaux possibles. Invariablement, le frère maigre portait un gros manteau par-dessus une profusion de vêtements. Quand la température dépassait vingt degrés, il se plaignait de la chaleur et en souffrait terriblement. Je lui suggérais alors qu'il n'aurait pas si chaud s'il se couvrait moins. Mais cette attitude à l'égard des vêtements lui était manifestement étrangère : elle le mettait mal à l'aise. Une année, nous eûmes une longue période de beau temps, une véritable vague de chaleur, compte tenu du climat habituel de Londres. Chaque jour je descendais dans la rue, transformée en un lieu joyeux, chaleureux, amical, où les gens portaient des tenues d'été. Mais les trois petits vieux persistaient à s'emmitoufler dans leurs gros chandails, leurs écharpes, leurs bonnets de laine. Les joues de la vieille dame se faisaient de plus en plus rouges. Ils plaisantaient continuellement au sujet de la chaleur. A leurs pieds, dans l'ombre des charrettes, le chat se tenait allongé parmi les prunes tombées et les feuilles de salade fanées. Vers la fin de la seconde semaine de grosse chaleur, le frère célibataire mourut d'une attaque, et avec lui s'éteignit l'espoir d'un foyer pour le chat.

Pendant quelques semaines, il connut la chance; il eut ses entrées au pub. Cela se fit grâce à Lucy, la prostituée qui occupait le rez-de-chaussée de notre immeuble, et qui, le soir, se servait du pub. Elle l'y emmenait, et s'installait au bar sur un haut tabouret d'angle avec le chat sur le siège voisin. C'était une dame aimable, et fort appréciée au pub; et l'on y réservait un accueil chaleureux à qui elle choisissait pour l'accompagner. Quand j'y entrais pour acheter des cigarettes ou une bouteille, je voyais Lucy installée avec le chat. Ses admirateurs, nombreux et originaires des quatre coins du monde, vieux clients ou nouveaux, et de tous les âges, lui offraient à boire et cajolaient le patron et sa femme pour qu'ils donnent au chat du lait et des chips. Mais la nouveauté de voir un chat dans un bar dut s'épuiser, car Lucy ne tarda pas à se passer des services du chat pour y poursuivre sa carrière.

Quand vinrent les frimas et les longues soirées d'hiver, le chat se trouvait toujours installé dans l'escalier à bonne hauteur avant qu'on ferme le portail. Il dormait dans les recoins les moins froids qu'il pût trouver dans cet escalier de pierre inhumaine et glaciale où il n'y avait point de tapis. Quand il faisait vraiment très froid, l'un ou plusieurs d'entre nous invitions le chat pour la nuit; et le matin il nous remerciait en se frottant contre nos jambes. Et puis, plus de chat. Le concierge déclara pour se défendre qu'il l'avait mené à la S.P.A. pour le faire piquer. Une nuit, l'attente s'étant révélée trop longue avant que le portail fût ouvert, il avait fait des saletés sur un palier. Un concierge n'allait pas supporter ce genre de choses, nous dit-il. C'était déjà bien assez de devoir nettoyer après nous, il n'allait pas en plus se mettre à nettoyer après les chats.

Chapitre quatre

Je vins à habiter en pays de chats. Les maisons y sont anciennes, et complétées d'étroits jardins ceints de murs. Des fenêtres qui donnent sur l'arrière, on peut voir une dizaine de murs d'un côté, et une dizaine de l'autre, de toutes les tailles et toutes les hauteurs. Des arbres, de l'herbe, des buissons. C'est un petit théâtre, avec des toits de diverses hauteurs. Les chats s'y plaisent beaucoup. On en voit toujours sur les murs, sur les toits, dans les jardins, menant une existence secrète et compliquée à la manière des vies de quartier des enfants, qui se déroulent suivant d'inimaginables lois internes que les adultes ne devinent jamais.

Je savais qu'il y aurait un chat dans cette maison. De même qu'on sait, quand une maison est trop grande, que d'autres gens viendront s'y installer, de même certaines maisons requièrent des chats. Mais pendant quelque temps je refusai les divers chats qui vinrent renifler les lieux pour voir quel genre d'endroit c'était.

Pendant ce terrible hiver de 1962, un vieux chat de gouttière noir et blanc vint visiter le jardin et le toit de la véranda, derrière la maison. Il prenait place dans la neige fondante, sur le toit; il arpentait le sol glacé; quand la porte de service s'ouvrait un instant, il s'installait juste devant pour jeter un coup d'œil sur l'intérieur bien chaud. Il était particulièrement laid, avec une tache blanche sur un œil, une oreille déchirée, et la mâchoire toujours entrouverte et baveuse. Mais il n'était pas abandonné. Il avait un bon foyer dans la rue et personne n'aurait su dire pourquoi il n'y restait pas.

Cet hiver-là fut riche d'enseignements sur l'extraordinaire endurance volontaire des Anglais.

Les maisons de ce quartier ressortissent pour la plupart du régime des H.L.M. et, dès la fin de la première semaine de grand froid, les conduites d'eau avaient éclaté sous l'effet du gel : les gens se retrouvèrent privés d'eau. Tout le système demeura gelé. Les autorités ouvrirent une canalisation au coin de la rue, et pendant plusieurs semaines les femmes vinrent chercher de l'eau avec des seaux et des brocs, sur des trottoirs couverts de neige glacée, en pantoufles d'intérieur. Personne ne nettoya la neige fondue ni la glace. Les ménagères tiraient de l'eau au robinet, qui se dérégla plusieurs fois, et se plaignaient qu'elles n'avaient pas d'autre eau chaude que celle qu'elles faisaient chauffer sur leur cuisinière depuis une semaine, deux semaines – puis trois, quatre, cinq semaines. Il n'y avait bien sûr pas d'eau chaude pour prendre un bain. Quand on leur demandait pourquoi elles ne protestaient pas, puisque après tout elles payaient le loyer, ainsi que pour l'eau froide et chaude, elles répondaient que l'Office des logements était au courant du problème, mais qu'il ne faisait rien. L'Office des logements avait fait observer qu'il y avait une vague de grand froid : et elles reconnaissaient le bien-fondé de l'argument. Elles s'exprimaient d'une voix lugubre, mais elles exécutaient docilement leur tâche, comme le fait cette nation quand elle subit les actes totalement évitables de Dieu.

Dans la boutique du coin de la rue, un vieil homme, une femme et un petit enfant passaient leurs journées entières, cet hiver-là. La boutique était encore bien plus froide que la température au-dessous de zéro imposée par la nature, à cause de circonstances aggravantes; la porte demeurait perpétuellement ouverte sur les bourrasques glacées du dehors. Il n'y avait pas le moindre chauffage. Le vieil homme fut atteint de pleurésie, et dut passer deux mois à l'hôpital. Irréversiblement affaibli, il dut vendre sa boutique au printemps. Assis sur le sol en ciment, l'enfant pleurait continuellement à cause du froid, et recevait des gifles de sa mère; elle tenait le comptoir en robe de mince lainage avec un léger cardigan par-dessus, et des chaussettes d'homme. Elle ne cessait de dire que c'était affreux cependant que ses yeux et son nez coulaient, et que ses doigts enflaient sous l'effet des engelures. Le vieux monsieur d'à côté qui travaille comme portefaix sur le marché glissa sur la glace devant sa porte, s'endommagea le dos, et ne parvint à survivre pendant plusieurs semaines que grâce à l'aide sociale. Dans cette maison, où habitaient neuf ou dix personnes dont deux enfants, il n'y avait qu'un seul petit chauffage électrique pour combattre le froid. Trois d'entre eux furent hospitalisés, dont un pour une pneumonie.

Et les canalisations demeuraient éclatées, scellées dans des stalactites de glace acérées; les trottoirs restaient des patinoires; et les autorités ne faisaient rien. Dans les rues des quartiers plus bourgeois, bien sûr, on déblayait la neige des trottoirs à mesure qu'elle tombait, et les autorités faisaient droit aux revendications des citoyens mécontents qui menaçaient d'entamer des poursuites. Dans notre quartier, les gens subirent tout cela jusqu'au printemps.

Au milieu de ces êtres humains aussi handicapés par l'hiver que les hommes des cavernes quelque dix mille ans auparavant, les particularités d'un vieux chat de gouttière qui choisissait un toit glacé pour y passer ses nuits perdaient de leur force.

Au milieu de l'hiver, des amis à moi se virent offrir un chaton. La chatte siamoise d'amis à eux avait eu des petits d'un chat de gouttière, et ils se débarrassaient des chatons hybrides. Ils ont un appartement minuscule, et travaillent tous deux à plein temps; mais quand ils virent ce bébé chatte, ils ne purent pas résister. Pendant le premier week-end, ils la nourrirent de consommé de homard en boîte et de mousse de poulet, et elle bouleversa leurs rapports conjugaux en voulant dormir sous le menton, ou en tout cas contre la chair de H., l'homme. Sa femme, S., déclara au téléphone qu'elle perdait les attentions de son époux au profit d'une chatte, tout comme l'héroïne du récit de Colette. Le lundi, ils partirent travailler en la laissant seule et, à leur retour, ils la retrouvèrent triste et pleurant d'avoir été solitaire toute la journée. Ils nous annoncèrent qu'ils nous l'amenaient, et c'est en effet ce qu'ils firent.

Cette petite chatte était âgée de six semaines. Quel enchantement, ce délicat personnage de conte de fées, dont les gènes siamois apparaissaient dans le contour de la tête, les oreilles, la queue, et la ligne subtile du corps. Elle avait le dos tigré; vue de haut ou de dos, c'était une jolie petite chatte tigrée, grise et beige, mais avec le ventre doré comme les siamois, et des bandes noires au cou. Elle avait la tête soulignée de noir – des traits fins autour des yeux, sur les joues, et un tout petit museau crème avec le bout rose, et rehaussé de noir. Vue de face, assise et tenant ses fines pattes bien droites, c'était une bête exotique et superbe. Elle se tenait, immobile et minuscule, au centre d'un tapis jaune, entourée de cinq adorateurs et n'éprouvant pas la moindre peur à notre égard. Puis elle parcourut noblement tout l'étage, inspectant les moindres recoins, sauta sur mon lit, se glissa sous un repli du drap, et se trouva bien chez elle.

S. repartit avec H. en déclarant : Ce n'est pas trop tôt, sans quoi j'aurais perdu mon mari.

Et il partit en grommelant qu'il n'existait pas de plaisir plus exquis que la sensation d'être réveillé par le contact délicat d'une minuscule langue rose sur son visage.

La petite chatte descendit l'escalier en sautillant, car chaque marche était deux fois plus haute qu'elle : d'abord les pattes de devant, et puis hop, celles de derrière; celles de devant, et puis hop, celles de derrière. Elle inspecta le rez-de-chaussée, refusa la nourriture en conserve qu'on lui présentait, et réclama en miaulant une litière. Elle ne voulut pas de sciure, mais accepta des journaux déchirés puisque, nous disait son attitude boudeuse, il n'y avait rien d'autre. Mais il n'y avait vraiment rien d'autre : dehors, la terre était dure et glacée.

Elle ne voulait pas manger de nourriture en conserve. Rien à faire. Et je n'allais pas la nourrir de consommé de homard et de mousse de poulet. Nous trouvâmes un compromis avec du bœuf haché.

Elle a toujours fait autant d'histoires pour s'alimenter qu'un célibataire gourmet. Et elle empire en vieillissant. Même quand elle était toute petite, elle savait exprimer la contrariété, le plaisir, ou l'intention de bouder, à la manière dont elle mangeait, chipotait, ou choisissait de refuser. Ses habitudes alimentaires constituent un langage éloquent.

Mais il se peut tout simplement qu'on l'ait enlevée trop jeune à sa mère. Si je puis me permettre une respectueuse suggestion à l'adresse des experts en chats, il se pourrait fort bien qu'ils se trompent en affirmant qu'un chaton peut quitter sa mère dès l'âge de six semaines. Cette chatte avait précisément six semaines, et pas un jour de plus, quand on l'enleva à sa mère. La base de son dandysme à l'égard de la nourriture relève de la même hostilité soupçonneuse et névrotique que chez l'enfant à problèmes alimentaires. Il fallait bien qu'elle mange, se disait-elle;

donc elle mangeait; mais jamais elle n'a mangé avec plaisir, ni pour le plaisir de manger. Et elle partage une autre caractéristique avec les gens qui ont manqué de tendresse maternelle. Maintenant encore, elle se glissera instinctivement sous un journal, dans une caisse ou dans un panier, dans tout ce qui offre un abri, une couverture protectrice. Plus encore : elle semble toujours prête à voir des offenses partout, à bouder. Et puis elle est terriblement froussarde. Les petits chats qui restent sept ou huit semaines auprès de leur mère mangent volontiers, et ils sont confiants. Mais bien sûr, ils ne sont pas aussi intéressants.

Quand elle était petite, cette chatte ne dormait jamais sur le lit. Elle attendait que je fusse sous les couvertures, et puis elle parcourait mon corps en étudiant les diverses possibilités. Elle s'enfonçait tout au fond du lit, contre mes pieds, ou bien se blottissait contre mon épaule, ou encore se glissait sous l'oreiller. Si je remuais trop, elle changeait de place avec mauvaise humeur, en me faisant bien sentir sa contrariété.

Quand je faisais le lit, elle adorait s'y laisser enfermer; et elle y restait avec délectation, formant une minuscule bosse visible sous les couvertures, parfois pendant des heures. Quand on caressait la bosse, on entendait des ronronnements et des miaulements ravis. Mais elle ne sortait de là que quand elle y était contrainte.

La bosse se déplaçait à travers le lit, hésitait en arrivant au bord. Elle poussait parfois des miaulements affolés en glissant à terre. Perturbée dans sa dignité, elle lissait hâtivement son pelage en foudroyant du regard les témoins de son malheur, qui avaient bien tort s'ils se permettaient d'en rire. Puis, consciente d'elle-même jusqu'au moindre poil, elle se dirigeait vers quelque scène centrale.

Le moment de s'alimenter avec une délicatesse ennuyée et méfiante. Le moment d'aller dans son bac à sable, ravissante et gracieuse comme en représentation. Le moment de remettre en ordre sa fourrure crémeuse. Et le moment de jouer, qui ne venait jamais spontanément mais uniquement quand elle se savait observée.

Elle était aussi consciente d'elle-même qu'une jolie fille dépourvue de tout autre attribut que sa beauté : le corps et le visage posant sans cesse selon quelque directive intérieure – la pose valant bien un masque, non, non, voici ce que je suis vraiment, avec ces seins agressifs, ces yeux boudeurs, hostiles, toujours à l'affût d'un regard admiratif.

Cette chatte, à l'âge où, si elle avait été humaine, elle aurait arboré ses vêtements et sa coiffure comme des armes, mais confiante aussi dans la certitude qu'à tout moment elle pouvait retomber dans l'enfance innocente si le rôle lui devenait pesant – cette chatte, donc, posait et jouait à la princesse avec arrogance dans toute la maison puis, lasse et un peu geignarde, elle se blottissait dans le repli d'un journal ou derrière un coussin, et de là contemplait le monde en toute sécurité.

Son plus joli tour, qu'elle effectuait surtout au bénéfice d'un public, consistait à s'étendre sur le dos sous un canapé et se faire glisser par petites saccades des pattes, en s'arrêtant de temps à autre pour tourner son élégante petite tête sur le côté, l'œil effilé, dans l'attente des applaudissements. « Oh, quel amour de petit chat! Quelle bête exquise! » Elle se lançait alors dans une nouvelle démonstration.

Ou bien, là où cela ressortait le mieux, sur le tapis jaune, sur un coussin bleu, elle s'allongeait sur le dos et se berçait lentement, les pattes jointes, la tête renversée en arrière, révélant son poitrail et son ventre crémeux, légèrement rayés comme si elle eût été de quelque délicate espèce, avec des taches noires rappelant les rosettes des léopards. « Oh, quel amour de chaton, comme tu es belle. » Et elle continuait ainsi jusqu'à la fin des exclamations.

Ou bien encore elle s'installait dans la véranda de l'arrière, pas sur la table, bien sûr, qui était nue, mais sur une petite console ornée de narcisses et de jacinthes en pots. Elle posait là parmi les fleurs blanches et bleues, jusqu'à ce qu'on la remarque et qu'on l'admire. Pas seulement nous, bien sûr, mais aussi le vieux chat de gouttière rhumatisant qui rôdait, sombre rappel d'une existence beaucoup plus dure, dans le jardin à la terre durcie par le gel. Il voyait une jolie chatte encore enfant derrière une vitre. Elle le voyait. Elle haussait la tête, se tournant de-ci, de-là; elle croquait un petit morceau de jacinthe, et le laissait tomber; elle se lissait le poil d'un air négligent; puis avec un regard insolent derrière elle, elle sautait à bas de son socle et rentrait dans la maison, hors de sa vue. Ou bien, montant l'escalier dans des bras ou sur une épaule, elle jetait un coup d'œil par la fenêtre et apercevait le pauvre vieux chat dehors, tellement immobile que nous le croyions parfois mort et raidi par le froid. Quand le soleil réchauffait un peu l'atmosphère vers midi et qu'il se léchait le pelage, nous éprouvions du soulagement. Parfois elle s'installait à la fenêtre et l'observait, mais sa vie consistait néanmoins à se blottir dans des bras, des lits, des coussins, et des recoins d'êtres humains.

Puis vint le printemps, la porte de service s'ouvrit, Dieu merci le bac à sable devint superflu, et elle s'appropria le jardin de derrière. Elle avait six mois, l'âge adulte du point de vue de la nature.

Elle était alors très jolie, parfaite; beaucoup plus belle même que la chatte dont j'avais si longtemps auparavant proclamé solennellement qu'elle n'aurait jamais d'égale. Bon, elle n'en a jamais eu, bien sûr; car cette chatte-là avait un caractère fait de tact, de délicatesse, de chaleur, de grâce – et donc, comme l'affirment les contes de fées et les vieilles femmes, elle devait mourir jeune.

Notre princesse chatte était, et est toujours, de toute beauté, mais sans grandeur, c'est une bête égoïste.

Les chats apparurent sur les murs du jardin. D'abord le vieux chat lugubre de l'hiver, roi des jardins de l'arrière. Un mince et beau chat noir et blanc de la maison voisine, fils du premier apparemment. Un chat de gouttière tout couturé de cicatrices, vestiges de combats. Un chat gris et blanc si assuré de perdre qu'il ne descendait jamais du mur. Et puis un audacieux jeune chat tigré qu'elle admirait manifestement. Rien à faire, le vieux roi n'était pas encore vaincu. Quand elle sortait, la queue dressée et faisant mine de ne pas les voir, mais guettant le beau jeune tigre, il sautait à bas du mur pour s'approcher, mais il suffisait au vieux chat hivernal de remuer à sa place sur le mur, pour que le jeune regagne d'un bond son abri. Cela dura pendant des semaines.

Entre temps H. et S. rendirent visite à leur chatte regrettée. S. s'exclama qu'il était horrible et injuste que la princesse n'eût pas elle-même le choix, et H. rétorqua que c'était bien ainsi : à une princesse il fallait un roi, même s'il était vieux et laid. Il avait une telle dignité; une telle présence; et puis il avait mérité la jolie jeune chatte par sa noble endurance pendant tout l'hiver.

A présent, nous appelions cet affreux chat Méphistophélès. (Nous apprîmes incidemment que chez lui, on l'appelait Billy.) Quant à notre chatte, elle avait reçu divers noms mais aucun n'était resté. Mellissa, et Franny; Marilyn, et Sappho; Circé, et Ayesha, et Suzette. Mais dans la conversation, dans la tendresse des murmures, elle miaulait et ronronnait de plaisir quand on l'appelait ma *tou*te *bell*e ou *jo*li cha*ton* en faisant traîner les syllabes.

Au cours d'un magnifique week-end, le

seul me semble-t-il de cet affreux été, elle entra en chaleur.

H. et S. vinrent déjeuner le dimanche, et nous nous installâmes dans la véranda de l'arrière pour observer les choix de la nature. Pas les nôtres. Ni ceux de notre chatte non plus.

Les combats avaient duré deux nuits, deux nuits horribles où les chats avaient crié, gémi, hurlé dans le jardin. Pendant ce temps notre chatte grise était restée assise au pied de mon lit, à les observer dans l'obscurité, dressant et agitant les oreilles, commentant légèrement les événements du bout de sa queue.

Ce dimanche-là, il n'y avait plus que Méphistophélès en vue. Notre chatte grise se roulait d'extase à travers le jardin. Elle revint près de nous et se roula par terre en nous mordillant les pieds. Elle grimpa dans l'arbre du jardin et en redescendit. Elle se roula par terre en criant, elle appela, elle supplia.

« Voici bien la plus horrible exhibition de désir que j'aie jamais vue, proféra S. en observant H., qui était éperdument amoureux de notre chatte.

– Ah, ma pauvre chatte, soupira H. Si j'étais Méphistophélès, je ne te traiterais pas aussi mal.

– Oh, H.! s'exclama S., tu es dégoûtant. Si je le racontais, personne ne voudrait le croire. Mais je l'ai toujours dit, que tu étais dégoûtant.

– Eh bien, si tu l'as toujours dit », répéta H. en caressant la chatte en extase.

Il faisait très chaud ce jour-là, et nous bûmes beaucoup de vin au déjeuner. Le manège amoureux dura tout l'après-midi.

Finalement, Méphistophélès sauta à bas du mur et rejoignit la chatte grise qui se roulait et se tortillait en tous sens – mais hélas il la sabota.

« Oh, mon Dieu, s'écria H. sincèrement peiné, c'est vraiment impardonnable, une chose pareille. »

Angoissée, S. suivait les tourments de notre chatte et s'interrogeait fréquemment à voix haute sur l'intérêt que pouvait, en fin de compte, présenter la sexualité.

« Regardez donc, dit-elle. C'est nous. Nous sommes exactement pareils.

– Ce n'est absolument pas vrai, riposta H. Méphistophélès ne représente que lui-même. Et il mérite d'être fusillé. »

« Fusillons-le immédiatement, déclarâmes-nous en chœur; tout au moins enfermons-le, afin que le jeune tigre d'à côté ait sa chance. »

Mais le beau jeune chat était invisible.

Nous continuâmes à boire du vin; le soleil continua à resplendir; notre princesse dansa, se roula au sol, grimpa mille fois à l'arbre et, quand enfin tout alla bien, le vieux roi la prit et la reprit plusieurs fois.

« Le seul problème, déclara H., c'est qu'il est trop vieux pour elle.

– Ah, mon Dieu, soupira S., je vais te ramener vite à la maison, sinon je suis prête à jurer que tu vas finir par faire l'amour à cette chatte toi-même.

– Je le voudrais bien, acquiesça H. Quelle bête exquise, quelle adorable créature, quelle princesse, c'est la gâcher que la laisser à un chat, je trouve cela insupportable. »

Le jour suivant, ce fut l'hiver; le jardin redevint froid et humide; et la chatte grise reprit ses façons dédaigneuses. Quant au vieux roi, il trônait sur le mur du jardin dans la bruine anglaise, vainqueur de tous, à l'affût.

Chapitre cinq

La chatte grise porta sa grossesse avec grâce et légèreté. Elle traversait le jardin en courant et grimpait à l'arbre, puis redescendait et revenait; elle recommençait inlassablement; le but de toute l'affaire étant cet instant où, agrippée à l'arbre, elle tournait la tête en fermant à demi les yeux pour recevoir nos félicitations. Elle descendait l'escalier en sautant trois, quatre marches d'un coup. Elle rampait sur le dos, sous le canapé. Et comme elle avait appris qu'en l'apercevant pour la première fois n'importe qui pouvait s'extasier : Oh, quel merveilleux chat! elle se postait toujours à la porte d'entrée quand il venait quelqu'un, et prenait un air important.

Puis, voulant se glisser entre les barreaux de la rampe pour se laisser retomber à l'étage au-dessous, elle découvrit que cela lui était impossible. Elle essaya encore, impossible. Humiliée, elle feignit de n'avoir pas essayé et de préférer prendre le chemin le plus long, en suivant la courbe de la rampe.

Ses cavalcades dans l'arbre se firent plus lentes, puis cessèrent.

Et quand les petits s'agitèrent dans son ventre, elle parut surprise, déconcertée.

Habituellement, environ deux semaines avant la naissance, une chatte commence à aller renifler les recoins et les fonds de placards; inspectant, rejetant, choisissant. Cette chatte-là ne fit rien de tel. Je sortis les chaussures d'un placard de la chambre, et lui montrai l'endroit –

bien abrité, sombre, confortable. Elle y entra, puis ressortit. D'autres lieux lui furent proposés. Ce n'était pas qu'ils lui déplussent; il semblait plutôt qu'elle ignorât ce qui se passait.

La veille de la naissance, elle s'enroula dans de vieux journaux sur un fauteuil, mais elle agissait de manière automatique, sans paraître suivre un objectif. Une glande, quelle qu'elle fût, avait parlé et motivé ses mouvements; elle obéissait, mais ce qu'elle faisait ne correspondait à aucune connaissance vitale, apparemment, car elle n'essaya plus.

Le jour même de la naissance, elle fut en travail pendant trois heures avant de s'en rendre compte. Elle miaulait, l'air surpris, assise sur le sol de la cuisine, et quand je lui ordonnai de monter l'escalier pour s'installer dans le placard, elle le fit. Mais elle n'y resta pas. Elle parcourut la maison en reniflant partout, en ce moment extrême, pour repérer des endroits possibles, mais elle ne tarda pas à se désintéresser de la question et redescendit à la cuisine. Comme la souffrance, ou sensation, avait disparu, elle l'avait oubliée et s'apprêtait à reprendre le fil de sa vie coutumière – une vie de petite chatte dorlotée et adorée. Après tout, elle l'était encore.

Je l'emportai à l'étage, et l'installai dans le placard. Elle ne voulait pas. Elle n'avait tout simplement aucune des réactions attendues. En vérité, elle était touchante, absurde – et drôle, nous avions envie de rire. Quand les contractions se firent plus fortes, elle se fâcha. Quand elle souffrit vraiment, vers la fin, elle se mit à miauler, mais c'était un miaulement de protestation, de contrariété. La contrariété lui venait de nous, qui participions au processus qu'elle subissait.

Il est fascinant d'assister à la naissance du premier bébé d'une chatte, cet instant où, la minuscule créature gesticulante étant apparue dans son enveloppe de Cellophane blanche, la mère dégage son enfant en le léchant, coupe le cordon, mange les secondines, et tout cela si proprement, si efficacement, si parfaitement, alors qu'elle accomplit ces gestes pour la première fois. Toujours il se produit une pause. Le petit est expulsé, et gît derrière sa mère. La chatte regarde, prise au piège, en proie au réflexe d'évasion devant cette nouvelle chose reliée à elle; elle regarde encore, ne sachant pas ce que c'est; et puis le mécanisme se déclenche et elle obéit, devient mère, ronronne, éprouve du bonheur. Avec cette chatte, ce fut la pause la plus longue que j'aie jamais connue lorsqu'elle contempla son bébé. Elle le regarda, me regarda, bougea un peu pour voir si elle pouvait se dégager de cet objet encombrant – puis le mécanisme fonctionna. Elle nettoya le chat, fit tout ce qu'il fallait, ronronna – puis elle se leva et descendit dans la véranda, où elle se plongea dans la contemplation du jardin. Voilà qui était terminé, semblait-elle dire. Puis ses flancs se contractèrent de nouveau, et elle se détourna pour me regarder – elle était contrariée, furieuse. Sa tête, le contour de son corps, tout en elle exprimait clairement : « Quelle maudite corvée! » Monte, ordonnai-je, monte! Elle s'exécuta en boudant. Elle se hissa de marche en marche, les oreilles basses – presque comme un chien, lorsqu'on le gronde ou qu'on le renvoie; mais elle n'avait rien d'abject comme le chien. Au contraire, elle était furieuse contre moi et toute l'affaire. Quand elle revit le premier chaton, elle le reconnut, le système se remit en marche, et elle le lécha. Elle donna naissance à quatre petits chatons en tout, puis elle s'endormit, charmante image, exquise chatte blottie avec ses quatre bébés tétant. Ils formaient un bel ensemble. La première-née était sa réplique exacte, jusqu'au contour noir des yeux, aux demi-rayures du poitrail et des pattes, au ventre de couleur crème et très légèrement tigré. Puis un chaton gris-bleu : par la suite, sous certaines lumières, il paraissait violet sombre. Un petit chat noir qui, à l'âge adulte, devint un superbe chat noir aux yeux jaunes, parfaitement élégant et fort. Et enfin le sosie du père, noir et blanc, lourdaud et dénué de grâce. Les trois premiers avaient hérité la finesse de traits des siamois.

Quand elle s'éveilla, la chatte regarda ses petits endormis, se leva, se secoua, et descendit l'escalier. Elle but un peu de lait, mangea de la viande crue, lissa son pelage. Elle ne retourna pas auprès de ses petits.

Venus admirer les bébés, S. et H.

trouvèrent la maman chatte au pied de l'escalier, posant de profil. Puis elle sortit de la maison en courant et escalada l'arbre à plusieurs reprises. Elle monta ensuite tout en haut de la maison, et redescendit jusqu'en bas en se laissant tomber d'un palier à l'autre, se glissant entre les barreaux de la rampe. Ensuite, elle se frotta en ronronnant contre les jambes de H.

« Tu es censée être mère, protesta S., choquée. Pourquoi n'es-tu pas avec tes petits? »

Il semblait qu'elle les eût oubliés. Inexplicablement, elle avait eu une tâche désagréable à accomplir; elle l'avait fait; c'était fini, et voilà. Elle erra et virevolta dans la maison jusque tard dans la soirée, puis je lui ordonnai de monter. Elle ne voulait pas. Je la pris dans mes bras et allai la déposer auprès de ses chatons. Sans la moindre grâce, elle se laissa déposer. Elle ne voulait pas s'allonger pour les allaiter. Je l'y contraignis. Dès que je me détournai, elle les quitta. Je m'assis auprès d'elle et restai là pendant toute la tétée.

J'allai ensuite me préparer à me

coucher. Quand je regagnai ma chambre, elle dormait sous mon drap. Je la reportai auprès de ses chatons. Elle les contempla, l'oreille basse, et s'en serait volontiers allée si je n'étais pas restée penchée au-dessus d'elle pour lui désigner, inexorable figure d'autorité, ses petits chatons. Elle s'approcha d'eux d'un air accablé, comme en disant : Bon, puisque tu insistes. Une fois les chatons occupés à téter, l'instinct se remit en marche, bien que sans efficacité réelle, et elle ronronna un moment.

Pendant toute la nuit elle chercha à quitter le placard pour reprendre sa place habituelle sur mon lit. Chaque fois je l'obligeais à regagner le placard. Dès que je me rendormais elle revenait, cependant que ses petits se lamentaient.

Au matin, elle avait compris qu'elle était responsable de ses enfants. Mais laissée à elle-même, ne tenant aucun compte de notre grande mère la Nature, elle les aurait laissés mourir de faim.

Le lendemain, pendant que nous déjeunions, la chatte accourut dans la pièce avec un chaton qu'elle balançait dans sa gueule. Elle le déposa à terre, bien en vue, puis monta chercher les autres. Elle les descendit tous les quatre l'un après l'autre, puis elle s'allongea avec eux sur le linoléum de la cuisine. Elle n'allait pas se laisser écarter de toute société, avait-elle décidé; et pendant tout le mois où les chatons furent à sa merci, nous vîmes la chatte accourir là où nous nous trouvions, les uns ou les autres, balançant ses petits dans sa gueule de la manière la plus désinvolte qui fût. La nuit, quand je m'éveillais, je trouvais la chatte blottie contre moi en silence, et elle demeurait silencieuse dans l'espoir que je ne la remarquerais pas. Quand elle comprenait que c'était trop tard, elle se mettait à ronronner dans l'espoir de m'amadouer, et elle me léchait le visage, me mordillait le nez. Peine perdue, je la renvoyais, et elle m'obéissait en boudant.

En bref, c'était une mère désastreuse.

Nous attribuions ce trait à son jeune âge. Quand ses chatons n'avaient encore qu'un jour, elle cherchait à jouer avec eux comme le fait une chatte avec ses petits de quatre ou cinq semaines. Un minuscule petit bout de chaton aveugle se retrouvait bousculé par ces grandes pattes et mordillé par jeu, quand il ne souhaitait au monde que retrouver les bien-aimées mamelles qu'on ne lui accordait qu'à contrecœur. Triste spectacle, bien entendu; et nous nous fâchions contre elle; mais ensuite nous nous mettions à rire; ce qui était pire car, s'il est bien une chose qu'elle ne supporte pas, c'est qu'on se moque d'elle.

En dépit de ses mauvais traitements, cette première portée était un véritable enchantement, la plus belle qui ait jamais été produite dans cette maison, chacun des petits étant remarquable à sa façon, même celui qui ressemblait trait pour trait au vieux Méphistophélès.

Un jour je montai et le trouvai dans la chambre. Il observait les chatons. La chatte grise, bien sûr, n'était pas là. Il se tenait à quelques pas, la tête tendue en avant, la mâchoire entrouverte et baveuse, comme toujours. Mais il ne voulait pas leur faire de mal, il éprouvait simplement de la curiosité.

Étant d'une telle beauté, ces chatons trouvèrent sans difficulté des familles d'accueil. Mais ce fut malgré tout une portée assez triste. L'adorable chat qui ressemblait à sa mère disparut un jour à jamais. Et le même sort échut au chat noir. Bébé Méphistophélès fut pris à cause de sa force et de son courage pour vivre dans un entrepôt, mais il mourut d'entérite. La chatte violette, après avoir donné naissance à la plus étonnante portée que j'aie jamais vue, trois parfaits siamois de couleur crème avec des yeux roses, et trois petits voyous des rues, perdit son foyer. Mais il paraît qu'elle en a trouvé un nouveau dans une rue toute proche.

Nous décidâmes que la chatte grise ne devrait plus avoir de petits désormais. Elle n'était tout simplement pas faite pour la maternité. Mais nous intervenions trop tard. Elle était déjà prise. Pas par Méphistophélès.

Ce quartier est réputé comme pays de chats auprès des marchands et des voleurs de bêtes. Je suppose qu'ils rôdent et s'emparent des animaux dont l'allure leur plaît, et qui ne se trouvent pas bien à l'abri chez eux. Cela se passe la nuit; et l'on imagine avec déplaisir comment s'y prennent les voleurs pour faire taire les chats afin de ne pas donner l'éveil à leurs maîtres. Les gens de cette rue soupçonnent les hôpitaux qui nous entourent. Ce sont encore ces vivisecteurs, disent-ils; et peut-être ont-ils raison. Quoi qu'il en soit, six chats disparurent en une seule nuit, parmi lesquels Méphistophélès. Et maintenant la chatte pouvait s'offrir celui qui lui plaisait, le jeune gandin tigré à plastron blanc.

Cette fois encore la naissance la prit par surprise, mais il ne lui fallut pas aussi longtemps pour s'y résigner. Elle se leva après l'accouchement, descendit dans la cuisine et ne rejoignit ses petits que contrainte; mais dans l'ensemble, je crois qu'elle apprécia cette seconde portée. Ces chatons-ci étaient quelconques, d'assez jolis mélanges de rayures et de taches blanches, mais sans aucune qualité particulière de ligne ou de pelage, de sorte qu'il fut plus difficile de leur trouver des foyers d'accueil.

En automne, quand les chemins s'alourdissent des feuilles mortes du sycomore, la chatte enseigna à ses quatre chatons l'art de chasser, de se mettre à l'affût, et de bondir dans le tourbillon des feuilles. Les feuilles tenaient le rôle des souris et des oiseaux – et donc ils les rapportaient triomphalement dans la maison. L'un des petits chats déchiquetait très soigneusement ses feuilles en miettes. C'est ainsi qu'il a hérité de sa mère le trait le plus étrange : elle peut passer une demi-heure à déchirer méthodiquement un journal avec ses dents, lambeau après lambeau. Peut-être s'agit-il là d'une caractéristique des chats siamois? J'ai une amie qui a deux siamois. Quand elle a des roses chez elle, les chats sortent les roses du vase avec leurs dents, les posent à terre, et déchirent les pétales l'un après l'autre, comme s'ils accomplissaient là un travail indispensable. Peut-être que dans la nature cette feuille, ce journal, ces roses auraient constitué le matériau d'une tanière.

La chatte grise prenait plaisir à enseigner la chasse à ses petits. S'ils avaient vécu à la campagne, ils se seraient trouvés parfaitement instruits. Et puis elle leur apprenait la propreté : jamais aucun de ses petits ne fit de saletés dans un coin. Mais, restant difficile pour la nourriture, elle ne leur enseigna pas à se nourrir. Cela, ils l'apprirent tout seuls.

De cette portée, un seul nous resta beaucoup plus longtemps que les autres. Pendant l'hiver nous eûmes deux chats, la chatte grise et son fils, qui était d'une riche couleur brun orangé, avec une sorte de plastron comme son père.

La chatte grise redevint comme un enfant espiègle, et ils jouaient ensemble toute la journée; et ils dormaient blottis l'un contre l'autre. Le jeune chat était beaucoup plus grand que sa mère, mais elle le rudoyait et même le frappait quand il se comportait d'une manière qui lui déplaisait. Ils passaient des heures à se lécher l'un l'autre en ronronnant.

C'était un gros mangeur, et il aimait tout. Nous espérions que son exemple rendrait sa mère plus raisonnable quant à la nourriture, mais il n'en fut rien. Elle laissait toujours, comme font les chattes, son enfant manger et boire le premier, tandis qu'elle l'observait. Quand il avait fini, elle s'approchait, reniflait la nourriture pour chat ou les restes, et puis elle venait me mordiller très délicatement le mollet pour me rappeler qu'elle mangeait du lapin, de la viande crue ou du poisson cru, en petite quantité soigneusement servie sur une soucoupe propre.

Elle se dressait ensuite agressivement au-dessus de son repas – son dû, son droit – en foudroyant le chat du regard, et mangeait juste ce qui lui convenait, pas une bouchée de plus, avec lenteur et méthode. Elle termine rarement la nourriture que nous lui servons; elle en laisse presque toujours un peu – bonnes manières de province qui, ainsi observées dans un contexte différent, avec la chatte grise, cela m'apparaît pour la première fois, se fondent sur une agressivité mauvaise. « Je ne finirai pas cette assiettée – je n'ai pas faim, tu en as préparé trop, et c'est ta faute s'il y a du gâchis. » « J'ai trop à manger, il ne m'en faut pas tant. » « Je suis une créature délicate et supérieure, très au-dessus des choses grossières comme la nourriture. » Cette dernière affirmation correspond à l'attitude de la chatte grise.

Le jeune chat mangeait ce qu'elle laissait, sans remarquer que c'était bien meilleur que ce qu'il avait eu; et puis ils s'élançaient et se pourchassaient à travers la maison et le jardin. Ou bien ils s'asseyaient au bout de mon lit et regardaient par la fenêtre en se léchant parfois l'un l'autre, et en ronronnant.

La chatte grise vivait alors à l'apogée de sa gloire, au point culminant de son bonheur et de sa séduction. Elle ne souffrait pas de la solitude, et son compagnon ne la menaçait pas puisqu'elle le dominait. Et puis elle était si belle – vraiment très belle.

C'était assise sur le lit devant la fenêtre qu'elle révélait le mieux sa splendeur. Ses deux pattes avant de couleur crème très légèrement rayée se tenaient bien droites l'une contre l'autre, posées sur leurs chaussons à reflets d'argent. Ses oreilles délicatement bordées de blanc éclatant se dressaient et frémissaient, à l'affût des sons, des sensations. Sa tête pivotait imperceptiblement à chaque sensation nouvelle, en alerte. Sa queue s'animait, dans une autre dimension, comme pour appréhender des messages que ses autres organes eussent été impuissants à saisir. Elle se tenait ainsi, immobile, légère comme l'air, à regarder, écouter, sentir, percevoir, respirer, tout son être – fourrure, moustaches, oreilles – engagé dans une délicate vibration. Si le poisson concrétise le mouvement de l'eau, lui donne forme, alors le chat est un diagramme d'air subtil.

Oh! chatte! murmurais-je, ou priais-je; Merveilleuse chatte! Délicieuse chatte! Exquise chatte veloutée! Chatte semblable à une moelleuse chouette, chatte aux pattes comme des papillons, chatte joyau, chatte miraculeuse! Chatte, chatte, chatte, chatte.

Elle commençait par m'ignorer; elle tournait ensuite une tête soyeuse et arrogante, et fermait à demi les yeux à chaque élément de litanie, bien distinctement. Et puis quand j'avais fini, elle bâillait, avec une affectation délibérée, révélant une petite langue rose comme un esquimau à la fraise et délicatement recourbée.

Ou bien elle décidait de s'allonger et de m'hypnotiser. Je me perdais dans la contemplation de ses yeux en amande et finement soulignés de noir puis cerclés d'un trait. Au-dessous de chaque œil, une tache sombre s'étalait comme avec une brosse. Des yeux verts, si verts; mais dans l'ombre, d'un or sombre et fumé – une chatte aux yeux ténébreux. Et à la lumière, d'un vert et d'une fraîcheur d'émeraude. Derrière les globes transparents de la pupille, des tranches d'ailes de papillon veinées et resplendissantes. Des ailes comme des joyaux – l'essence même de l'aile.

Un insecte vivant sur les feuilles ne doit pas se distinguer d'une feuille – à première vue. Mais ensuite, regardez bien : la copie d'une feuille est plus feuille que la feuille même – ourlée, veinée, délicate comme si un joaillier l'avait travaillée, mais un joaillier légèrement moqueur, de sorte que l'insecte est à la limite de la raillerie. Admirez, dit l'insecte, cette œuvre de faussaire : y a-t-il jamais eu feuille plus exquise que moi? Jusque dans mon imitation des imperfections de la feuille, je suis parfait. Éprouverez-vous jamais encore le désir de contempler une simple feuille, maintenant que vous m'avez vu, moi, l'artifice?

Dans les yeux de la chatte grise luisait

le chatoiement vert d'une aile de papillon jadée, comme si un artiste s'était dit : que peut-il exister de plus gracieux, de plus délicat qu'un chat? Quelle créature serait plus naturellement aérienne? Et quel être d'air s'apparente au chat? Le papillon, le papillon bien sûr! Et là, tout au fond des yeux de la chatte se tapit cette pensée, à peine suggérée, avec un petit rire retenu : et cachée derrière l'écran de cils, derrière la fine paupière interne et les faux-fuyants de la coquetterie des chats.

Chatte grise, parfaite, délicieuse, royale; chatte grise avec ses touches de léopard et de serpent, ses suggestions de papillon et de chouette; lion miniature aux griffes d'acier conçues pour le meurtre; chatte grise pleine de secrets, d'affinités, de mystères; chatte grise, âgée de dix-huit mois – jeune femme dans sa maturité épanouie – eut une troisième portée, cette fois du chat gris et noir qui, sous le règne du vieux roi, avait eu trop peur pour descendre du mur. Elle eut quatre petits, et son fils demeura auprès d'elle pendant toute la durée du processus, à regarder; il la léchait pendant les moments de répit, et léchait les petits chatons. Il voulut se glisser parmi eux dans leur nid douillet mais il eut les oreilles griffées pour ce retour à l'infantilisme.

Chapitre six

Le printemps était revenu, la porte de service grande ouverte, et la chatte grise, avec son fils adulte et ses quatre petits, profitait du jardin. Mais la chatte grise préférait la compagnie de son fils à celle des bébés et, bien entendu, elle avait scandalisé S. car, dès la fin de l'accouchement, elle s'était levée et avait quitté ses petits pour retomber dans les bras de son grand fils, avec qui elle s'était roulée en tous sens avec force ronronnements.

Il jouait auprès des petits le rôle du père : il les élevait autant qu'elle.

Pendant ce temps, dans un lointain encore flou, comme l'est toujours l'avenir dans sa première approche, l'ombre du destin de la chatte grise comme unique reine de la maisonnée se profilait déjà.

Au-dessus, dans le monde des humains, de terribles orages, des émotions, des drames se déroulaient; et, avec l'été, une très belle fille blonde et triste arriva, accompagnée d'une élégante petite chatte noire, presque encore un bébé à la vérité; et cette étrangère s'établit au sous-sol, de manière purement provisoire bien sûr, car sa maison n'était pas encore prête à habiter.

La petite chatte noire arborait un collier et une laisse rouges et, à ce stade de son existence, ne constituait encore qu'un complément décoratif de la belle jeune fille. On la tenait à l'écart de la reine du haut : on ne leur ménagea aucune rencontre.

Et puis brusquement tout alla mal pour la chatte grise. Son fils fut réclamé par la personne qui l'avait retenu, et partit vivre à Kensington. Les quatre petits chatons s'en allèrent dans leurs nouveaux foyers. Et nous décidâmes que cela suffisait, elle n'aurait plus de portées.

J'ignorais alors ce qu'impliquait la stérilisation d'une chatte. Des gens de ma connaissance avaient « castré » des chats et des chattes. Consultée, la S.P.A. recommanda vivement l'intervention. Fort compréhensiblement : ils sont contraints de détruire chaque semaine des centaines de chats non désirés – et dont chacun, sans doute, a été célébré par quelqu'un comme « un amour de chaton » jusqu'à son arrivée à l'âge adulte. Mais dans les voix des dames de la S.P.A. perçait exactement la même note que dans celle de l'épicière du coin qui, lorsque je parcourais le quartier à la recherche de foyers d'accueil pour les nouveaux petits, s'exclamait toujours : « Comment, vous ne l'avez pas encore fait opérer la pauvre, lui infliger pareille chose, c'est vraiment cruel. – Mais c'est naturel, protestai-je malhonnêtement, alors que la chatte grise n'avait d'autre instinct maternel que celui que nous lui imposions, d'avoir des petits. »

Mes relations avec les femmes de la rue ont toujours tourné autour des chats – chats perdus ou en visite, ou bien chatons recevant des visites d'enfants, ou encore chatons sur le point de leur appartenir. Et pas une qui n'ait affirmé qu'il était cruel de laisser une chatte avoir des petits – avec véhémence, avec hystérie, ou tout au moins avec cette rancœur agressive du dernier carré de résistance que manifestait ma mère : « Évidemment, ce n'est pas toi qui y passes! »

Le vieux garçon qui tenait la boutique de fruits et légumes du coin – maintenant fermée à cause de la concurrence du supermarché, et aussi parce qu'il disait que c'était une affaire de famille et qu'il restait sans famille, un vieux bonhomme aux joues rouge sombre, presque noires, comme la marchande des quatre-saisons, disait des femmes : « Elles n'arrêtent pas d'avoir des gosses, mais elles ne s'en occupent pas, hein? » Il n'avait pas d'enfants, et jugeait tous les autres impitoyablement.

Il avait cependant une vieille mère, âgée de plus de quatre-vingts ans et complètement impotente, dont tous les besoins devaient être pris en charge – par lui. Son frère et ses trois sœurs s'étaient mariés et avaient eu des enfants, de sorte qu'il lui incombait, estimaient-ils, à lui, le fils célibataire, de s'occuper de leur vieille mère, car leurs enfants leur donnaient bien assez de travail.

Il passait ses journées dans sa minuscule boutique, derrière des rangées de rutabagas, de navets, de pommes de terre, d'oignons, de carottes, et de choux – les autres variétés de légumes n'existant que surgelés dans ce genre de quartier – et regardait les enfants courir dans la rue en émettant des commentaires désobligeants sur leurs mères.

Il se prononçait en faveur de « l'opération ». Il y avait en ce monde trop de gens, trop d'animaux, trop peu de nourriture, personne n'achetait plus rien de nos jours, où cela finirait-il?

Je téléphonai à trois vétérinaires pour leur demander s'il était nécessaire d'ôter l'utérus et les trompes d'une chatte, et si l'on ne pouvait pas se contenter de ligaturer les trompes en laissant intact l'appareil sexuel? Les trois répondirent avec véhémence qu'il valait beaucoup mieux ôter le tout. « Enlevez tout ça », déclara l'un; la même expression que s'était entendu assener une de mes amies par un gynécologue. « Je vais vous débarrasser de tout ça », lui avait-il dit.

Intéressant.

Au Portugal, disent H. et S. qui sont portugais, quand les dames de la bonne société prennent le thé ensemble, elles se racontent leurs opérations et leurs problèmes de femmes. L'expression qu'elles emploient pour leurs organes est exactement la même que pour les volailles : « Mes abats, vos abats, nos abats. »

Décidément fort intéressant.

J'installai la chatte grise dans le panier à chat et l'emmenai chez un vétérinaire. Elle n'avait encore jamais été enfermée, et elle protesta – sa dignité et sa fierté se trouvaient atteintes. Je la laissai entre les mains du vétérinaire, et revins la chercher en fin d'après-midi.

Elle se trouvait dans le panier, molle,

étourdie, malade, et il flottait autour d'elle des relents d'éther. L'un de ses flancs avait été en partie rasé, révélant une chair grisâtre. En travers de la peau, une entaille rouge de cinq centimètres proprement recousue avec du boyau. Elle me contempla avec d'énormes yeux sombres où se lisait l'horreur. Elle avait été trahie, et elle le savait. Elle avait été vendue par une amie, par la personne qui la nourrissait, qui la protégeait, dans le lit de qui elle dormait. On lui avait fait quelque chose d'affreux. Je ne pus me résoudre à affronter son regard. Je la ramenai en taxi, et elle gémit pendant tout le trajet – d'une voix désespérée, impuissante, terrifiée. A la maison, je l'installai dans un autre panier, afin d'écarter celui qui lui rappelait le vétérinaire et la souffrance. Je la couvris, plaçai le panier près d'un radiateur, et restai auprès d'elle. Ce n'était pas qu'elle fût très malade ou bien en danger. Elle se trouvait en état de choc profond. Je ne crois pas qu'aucune créature puisse jamais « surmonter » une telle expérience.

Elle demeura là sans bouger du tout pendant deux jours. Puis, à grand-peine, elle employa son bac à sable. Elle but un peu de lait, et retourna douloureusement se coucher.

Au bout d'une semaine, le poil se mit à repousser par-dessus l'affreuse tache nue et balafrée. Je dus bientôt la reconduire chez le vétérinaire pour faire retirer les fils. Ce voyage-là fut bien pire que le premier, car elle savait désormais que le panier et le mouvement de la voiture signifiaient souffrance et terreur.

Elle hurla et se débattit dans le panier. Le chauffeur, serviable comme ils le sont toujours à ma connaissance, arrêta un moment son taxi pour me permettre de la calmer, mais nous convînmes finalement qu'il valait mieux en finir. J'attendis pendant qu'on lui ôtait les fils. Il fallut la remettre de force dans le panier, tandis qu'elle se débattait hystériquement, et je la ramenai dans le même taxi. Elle se mouilla à force de terreur, et cria. Le chauffeur de taxi, grand ami des chats, déclara que tous ces docteurs pourraient bien inventer un moyen de contraception pour les chattes : il était vraiment injuste, dit-il, que nous leur volions leur vraie nature pour nous simplifier la vie.

Lorsque nous eûmes franchi la porte de la maison et que j'ouvris le panier, la chatte grise désormais valide s'élança hors de la maison et se réfugia sur le mur du jardin, sous le gros arbre, les yeux exorbités par le choc. Elle revint à la nuit tombée, pour s'alimenter. Et elle dormit non pas sur mon lit mais sur le canapé. Pendant plusieurs jours elle refusa de se laisser caresser.

Dans le mois qui suivit l'opération, sa silhouette changea complètement. Elle perdit très vite sa finesse, sa grâce; et elle s'épaissit de partout. Imperceptiblement, ses yeux se relâchèrent, se chiffonnèrent, la forme de son visage s'élargit. Elle devint soudainement une chatte dodue, bien qu'encore jolie.

Quant au changement de son tempérament, bon, sans doute était-il en partie dû aux autres coups que la vie lui avait portés au même moment – la perte de son ami le jeune chat, la perte de ses petits, et l'arrivée de la chatte noire.

Mais il changea assurément beaucoup. Sa confiance avait été entamée. La tyrannique beauté de la maison avait disparu. Le charme péremptoire, les effets d'yeux et de tête à vous briser le cœur – c'était bien fini. Elle retourna bien sûr à ses cajoleries d'antan, se roulant sur le dos pour être admirée, se tractant sous le canapé – mais ce ne furent pendant longtemps que de timides tentatives. Elle n'était plus *sûre* de plaire. Pendant longtemps elle ne fut plus sûre de rien. Et donc, elle insistait. Une note stridente se glissa dans son comportement. Elle revendiquait ses droits avec entêtement. Elle s'aigrissait. Il fallait la ménager. Elle faisait subir sa mauvaise humeur à ses anciens admirateurs, les chats des murs voisins. En bref, elle s'était métamorphosée en vieille fille. C'est une chose bien terrible que nous infligeons à ces bêtes. Mais je suppose que nous sommes bien obligés.

Chapitre sept

La petite chatte noire, pour toutes sortes de tristes raisons, se retrouva sans foyer et vint vivre chez nous. Il aurait mieux valu pour l'harmonie générale qu'elle eût été un mâle. En l'occurrence, les deux chattes devinrent ennemies au premier regard, et s'accroupirent face à face pour se surveiller l'une l'autre pendant des heures.

La chatte grise, avec son flanc encore

à demi dénudé par le rasoir du vétérinaire, refusait de dormir sur mon lit, refusait de s'alimenter si l'on ne la cajolait pas et, malheureuse, n'ayant plus aucune confiance en elle-même, marquait une extrême détermination sur un seul point : il n'était pas question de laisser la chatte noire lui prendre sa place.

De son côté, la chatte noire savait qu'elle allait vivre ici, et qu'on ne la chasserait pas. Elle ne luttait pas : la chatte grise était plus grosse et plus forte. Elle se nicha dans le fond d'un fauteuil, le dos protégé par un mur, et ne quitta pas la chatte grise des yeux.

Quand son ennemie s'endormit, la chatte noire mangea et but. Puis elle parcourut le jardin, qu'elle avait déjà connu avec son collier et sa laisse rouges, et l'inspecta avec le plus grand soin. Ensuite, elle examina la maison, un étage après l'autre. Mon lit, décida-t-elle, était l'endroit qui lui convenait. Aussitôt la chatte grise bondit en crachant et miaulant, chassa la chatte noire de mon lit, et s'y installa. La chatte noire se replia alors sur le canapé.

Le caractère de la chatte noire diffère fondamentalement de celui de la chatte grise. C'est une petite bête modeste, obstinée, fidèle. Elle ignorait tout de la coquetterie jusqu'à sa rencontre avec la chatte grise : elle ne savait ni poser, ni flirter, ni folâtrer, ni parader.

Elle savait qu'elle n'était pas la première chatte de la maison; c'était la chatte grise qui commandait. Mais en tant que seconde chatte, elle possédait certains droits auxquels elle tenait beaucoup. Jamais les deux chattes ne se battirent physiquement. Elles menèrent de grands duels à coups de regards. Elles se tenaient assises de part et d'autre dans la cuisine : les yeux verts, les yeux jaunes face à face. Si la chatte noire faisait quelque chose qui, aux yeux de la chatte grise, dépassait le seuil de tolérance, la chatte grise grondait à voix retenue et effectuait de subtils mouvements de muscles à intention menaçante. La chatte noire se désistait. La chatte grise dormait sur mon lit; la chatte noire n'y avait pas accès. La chatte grise pouvait monter sur la table, mais pas la chatte noire. Quand il venait des visites, la chatte grise arrivait en premier à la porte. Et la chatte grise ne mangeait que seule, dans une soucoupe fraîchement lavée et remplie de nourriture préparée à l'instant même, dans un nouveau coin de la cuisine. Quant à la chatte noire, l'ancien coin des écuelles à chats devait lui suffire.

La chatte noire se soumettait à tout cela, et avec les humains de la maison elle se montrait modestement affectueuse, se frottait contre nos jambes, ronronnait, parlait – elle est également à demi siamoise; mais toujours avec un œil sur la chatte grise.

Ce comportement ne correspondait guère à son physique. L'aspect de la chatte grise et son attitude ont toujours été assortis : son apparence dictait son caractère.

Mais la chatte noire est ambiguë. Par exemple, sa taille. C'est une petite chatte menue. Quand elle a des petits, il semble incroyable qu'ils puissent tous tenir en elle. Mais soulevez-la : elle est solide, lourde; une petite bête trapue et forte. Elle n'a pas du tout l'air modeste ni domestique ni aussi maternelle qu'elle s'est révélée l'être par la suite.

C'est une chatte élégante, avec un profil noble et incurvé, comme un chat de tombeau. Quand elle se tient droite, les pattes rassemblées et le regard fixe, ou qu'elle s'accroupit, les yeux à moitié masqués, elle apparaît immobile, lointaine, retirée en elle-même dans quelque lieu inaccessible. Dans ces moments-là, ténébreuse, elle inspire l'effroi. Et elle est noire, noire, noire. Moustache noire luisante, cils noirs, pas un seul poil blanc sur tout le corps. Si le concepteur de la chatte grise était un maître de la subtilité, du détail enchanteur, par contre celui de la chatte noire a décidé : je créerai un chat noir, la quintessence du chat noir, un chat des enfers.

Il fallut environ deux semaines aux antagonistes pour établir des règles de préséance. Jamais elles ne se touchaient, ne jouaient ensemble, ou ne se léchaient l'une l'autre : elles créaient un équilibre où elles demeuraient à chaque instant conscientes l'une de l'autre, avec une hostilité attentive. Et c'était bien triste à voir, quand on se rappelait comme la chatte grise et son fils avaient joué et dormi ensemble, comme ils s'étaient léchés l'un l'autre. Peut-être, espérions-nous, ces deux-là apprendraient-elles l'affection peu à peu.

Mais la chatte noire tomba malade, et la malheureuse chatte grise perdit complètement sa position si chèrement défendue.

Je crus que la chatte noire souffrait d'un rhume. Elle avait les intestins dérangés; elle se rendait fréquemment dans le jardin. Elle vomit à plusieurs reprises.

Si je l'avais emmenée dès ce moment-là chez le vétérinaire, elle n'aurait pas été aussi gravement malade. Elle avait de l'entérite; mais je ne savais pas comme c'était sérieux, ni que fort peu de chats y survivent, et assurément pas ceux qui poursuivent encore leur croissance. La seconde nuit de sa maladie, je m'éveillai et la trouvai recroquevillée dans un coin – elle toussait, me sembla-t-il d'abord. Mais elle essayait de vomir – sans plus rien à vomir. Ses mâchoires et sa bouche s'étaient couvertes d'une écume blanche et poisseuse qui s'essuyait difficilement. Je la nettoyai. Elle retourna se recroqueviller dans le coin, regardant droit devant elle. Sa position m'inspirait de sombres pressentiments : immobile, patiente, sans dormir. Elle attendait.

Au matin je la menai à la clinique vétérinaire la plus proche, bourrelée de remords à l'idée de ne pas l'y avoir conduite plus tôt. Elle était très malade, me révéla-t-on; et à la manière dont ce fut dit, je compris qu'ils ne s'attendaient pas à la voir survivre. Elle était extrêmement déshydratée et brûlait de fièvre. On lui fit une piqûre pour atténuer la température, et l'on me recommanda de la faire boire – si possible. Elle ne voulait pas boire, répondis-je. Non, me confirma-t-on, ils ne voulaient plus boire, passé un certain stade de la maladie, que caractérisait un autre symptôme : les chats décident de mourir. Ils cherchent un endroit frais, à cause de la chaleur de leur sang, s'y recroquevillent, et attendent de mourir.

Quand je ramenai la chatte noire à la maison, elle sortit dans le jardin d'un air lugubre. C'était le début de l'automne, et il faisait froid. Elle s'accroupit contre le mur glacé du jardin, sur la terre froide, et reprit la position patiente de la nuit précédente.

Je la rapportai dans la maison, la déposai sur une couverture pas trop près du radiateur. Elle retourna dans le jardin : même position, même position patiente et mortelle.

Je la rapportai une nouvelle fois dans la maison et l'y enfermai. Elle se traîna jusque devant la porte et y resta, figée, dans l'attente de mourir.

Je la tentai avec de l'eau, de l'eau et du glucose, du jus de viande. Ce n'était pas qu'elle les refusait : elle avait dépassé ce stade; la nourriture était une chose qu'elle avait laissée derrière elle. Elle ne voulait plus revenir; elle ne reviendrait plus.

Le lendemain, les gens de la clinique observèrent que sa température restait très élevée. Elle n'était pas descendue. Il fallait absolument que la malade boive.

Je la rapportai à la maison et réfléchis à la situation. Manifestement, garder la chatte noire en vie allait représenter une activité à plein temps. Et j'étais très occupée. Et, comme me le rappelaient les autres habitants de la maison, ce n'était somme toute qu'une chatte.

Mais ce n'était pas qu'une chatte. Pour toutes sortes de raisons, humaines et donc hors de propos, il ne fallait pas la laisser mourir.

Je concoctai un affreux mais précieux mélange, de glucose, de jus de viande et d'eau, et affrontai la chatte.

Elle refusait de desserrer les mâchoires pour l'avaler. Minuscule créature enfiévrée, légère comme l'ombre, et qui avait perdu toute la solide santé de sa chair, elle se tenait assise, ou plutôt affalée, sur mes genoux et serrait les dents pour empêcher la cuillère de l'alimenter. C'était la force ultime de la faiblesse : non, non, non.

Je lui ouvris les dents de force, en utilisant ses canines comme leviers. Le liquide pénétra dans sa gorge, mais elle refusait de l'avaler. Je lui maintins les mâchoires, mais le liquide s'écoula par les bords de sa bouche. Cependant une petite partie avait dû descendre quand même car, après la troisième, la quatrième, la cinquième cuillerée, elle ébaucha un faible mouvement pour avaler.

Et voilà. Toutes les demi-heures, je prenais la malheureuse créature dans son coin, et la forçais à boire ce breuvage. J'avais peur de blesser sa mâchoire, tellement j'exerçais de pression sur ses dents du devant. Sans doute avait-elle la mâchoire très endolorie.

Cette nuit-là, je la déposai sur mon lit et la réveillai toutes les heures. Mais elle ne dormait pas vraiment. Elle se tenait accroupie, les yeux mi-clos, et la chaleur de la fièvre projetait des ondes tout autour d'elle cependant qu'elle souffrait les affres de la mort.

Le lendemain, la fièvre n'avait toujours pas décru.

Mais le jour suivant, elle avait baissé; à présent, on lui faisait des injections de glucose, à la clinique. Chaque piqûre créait une grosse bosse molle sous sa peau raidie. Mais elle y était indifférente; elle était indifférente à tout.

Maintenant que la fièvre était tombée, elle avait très froid. Je l'enveloppai dans une vieille serviette de toilette, et l'installai près d'un radiateur. Toutes les demi-heures, la chatte noire et moi nous battions. Ou plus exactement, l'intention de mourir de la chatte noire luttait contre mon intention de la maintenir en vie.

La nuit, elle se blottissait contre moi dans mon lit, agitée de ce triste et faible tremblement intérieur que cause l'extrême faiblesse, avec une serviette par-dessus elle. Elle restait là où je la posais; elle n'avait pas la force de bouger. Mais elle ne voulait pas ouvrir les mâchoires pour boire sa potion. Tout ce qui lui restait de force lui servait à dire *non*.

Dix jours s'écoulèrent ainsi. Je l'emmenais chaque jour à la clinique vétérinaire. C'est un endroit où l'on forme de jeunes vétérinaires, un centre d'enseignement. Les gens du quartier y amènent leurs chats et leurs chiens chaque matin entre neuf heures et midi. Dans la grande salle d'attente nue, nous nous asseyions sur les bancs alignés, avec nos animaux malades qui s'agitaient, gémissaient, aboyaient. Toutes sortes d'amitiés se formaient sur la base des maladies de ces bêtes.

Et toutes sortes de petits incidents tristes me restent en mémoire. Il y avait, par exemple, une femme entre deux âges et aux cheveux teints en blond pâle, au-dessus d'un visage hâve. Elle possédait un superbe gros chien, luisant de bonne chère et d'attention. Le chien ne pouvait pas avoir grand-chose, vif comme il était, et aboyant si fièrement. Mais la femme arborait un tailleur léger, toujours le même, sans manteau. Il faisait froid, mais pas très, et nous portions toutes encore des robes légères ou des chandails. Mais elle tremblait incontrôlablement : ses bras et ses jambes manquaient de chair. Il apparaissait clairement qu'elle ne mangeait pas à sa faim, et que tout son temps et son argent allaient à son chien. Nourrir un chien de cette taille coûte beaucoup d'argent. Un chat, d'après mes calculs, coûte environ dix shillings par semaine, même s'il ne s'agit pas d'un animal gâté comme les deux nôtres. Cette femme ne vivait que par son chien. Je crois que tout le monde le ressentait. Les gens de ce quartier sont dans l'ensemble assez pauvres : la manière dont ils la regardaient, tremblant à côté de son chien tant choyé, et puis l'invitaient à sortir de la file d'attente qui s'étirait dehors dans le froid pour entrer dans le bâtiment, tandis que nous attendions l'ouverture des portes, disait assez qu'ils comprenaient la situation et compatissaient.

Et puis un incident à l'autre extrême – tout au moins en apparence. Un bouledogue gras – mais vraiment très gras, avec des bourrelets de graisse partout – arriva avec un garçon obèse d'une douzaine d'années. Les vétérinaires firent placer le chien sur la table d'examen, puis expliquèrent au garçon qu'un chien ne devait pas manger plus qu'une certaine quantité, et seulement une fois par jour : il ne souffrait de rien d'autre que de suralimentation. Et il ne fallait pas lui donner de gâteaux, de morceaux de pain, de bonbons... Le garçon obèse répéta à plusieurs reprises qu'il allait le dire à sa mère, oui, il le lui dirait, mais ce qu'elle *voulait* savoir, poursuivit-il, c'était pourquoi le chien respirait si mal et haletait sans cesse, après tout, il n'avait que deux ans, et jamais il ne courait, ni ne jouait ni n'aboyait comme les autres chiens. Bien, reprirent les vétérinaires avec beaucoup de patience, il était aussi facile de suralimenter un chien que de le sous-alimenter. Si l'on suralimentait un chien, voyez-vous...

Quelle extraordinaire patience ils déploient; et quelle gentillesse. Et quel tact aussi. Les traitements concernant les bêtes et qui pourraient bouleverser leurs maîtres se déroulent derrière des portes fermées. On emmenait la pauvre chatte noire pour ses piqûres et, au bout de vingt ou trente minutes, on me la ramenait avec une grosse boule molle sous son pelage sale, raidi, là où l'on avait fait l'injection.

Elle ne se léchait plus, ne faisait plus sa toilette depuis des jours et des jours. Elle ne pouvait pas bouger. Elle n'allait pas mieux. Si tous mes soins et toute la compétence de la clinique ne faisaient aucune différence, peut-être fallait-il en fin de compte la laisser mourir, puisqu'elle ne souhaitait rien d'autre. Jour après jour, elle restait immobile sous le radiateur. Sa toison ressemblait déjà à celle d'un chat mort, pleine de poussière et de peluches; elle avait le regard vitreux; autour de sa bouche, les poils étaient raidis par le glucose que je tentais par la force de lui faire ingurgiter.

Je songeais à ce que c'est, d'être malade au lit, avec cette sensation de dégoût exaspéré, de haine de soi qui s'insinue, jusqu'à ce qu'on associe tout cela avec la maladie elle-même. On a besoin de se laver les cheveux; on arrive à sentir soi-même l'odeur aigre de la maladie dans sa propre haleine, sur sa propre peau. On se sent emprisonné dans une coquille de maladie, un miasme de maladie. Et puis vient l'infirmière, qui vous nettoie le visage, vous brosse les cheveux, et change les draps à l'odeur aigre.

Non, bien sûr les chats ne sont pas des humains; les humains ne sont pas des chats; mais tout de même, je ne pouvais pas croire qu'un petit animal aussi méticuleux que la chatte noire ne souffre pas de se savoir aussi sale et malodorante.

Mais on ne peut pas laver un chat. Je commençai par prendre une serviette fine, trempée dans l'eau chaude et bien essorée, et je frottai tout doucement la malheureuse bête pour la débarrasser de la saleté, des peluches, et des taches poisseuses. Ce fut long. Elle restait passive, probablement à souffrir car elle était meurtrie par toutes ces injections. Puis, quand elle fut entièrement nettoyée, pelage, oreilles, yeux, je la séchai avec une serviette bien chaude.

Ensuite – et je pense que c'est là ce qui fit la différence – je me réchauffai les mains dans de l'eau chaude, et lui massai très lentement tout le corps. Je tentai de faire pénétrer un peu de vie dans son corps glacé. Je la massai ainsi pendant un long moment, environ une demi-heure.

Quand j'eus fini, je la couvris d'une serviette propre et chaude. Alors, à gestes lents et raides, elle se leva et traversa la cuisine. Elle ne tarda pas à s'allonger de nouveau, là où l'impulsion de bouger se trouva épuisée. Mais elle *avait* bougé, de son propre chef.

Le lendemain, je demandai aux vétérinaires si le fait de l'avoir massée pouvait expliquer un peu l'amélioration. Ils répondirent que sans doute non, c'était à leur avis grâce aux injections. Quoi qu'il en soit, il ne fait aucun doute que le moment précis où apparut l'éventualité de sa survie correspond à cette séance de toilette et de massage. Pendant encore dix jours on lui administra du glucose à la clinique; je la forçai à avaler l'infâme mixture de jus de viande, d'eau et de glucose; et je la massai et la brossai deux fois par jour.

Et pendant tout ce temps, la pauvre chatte grise fut reléguée à l'écart. Les priorités d'abord. La chatte noire avait trop besoin d'attention pour qu'on pût en donner aussi à la grise. Mais la chatte grise ne voulait pas d'aumônes ni de second choix. Elle se détacha tout simplement, physiquement et émotionnellement, et observa la situation. Parfois elle s'approchait avec circonspection de la chatte noire, déjà morte à toute tentative d'aucune sorte, la reniflait un peu, et puis reculait. Il arrivait que son poil se hérisse tandis qu'elle reniflait la chatte noire. Une ou deux fois, à l'époque où la chatte noire se traînait dans le jardin glacé pour y mourir, la chatte grise s'y rendit aussi et s'assit à quelques pas d'elle pour la regarder. Mais elle ne semblait pas hostile; elle ne cherchait pas à blesser la chatte noire.

Pendant toute cette période, la chatte

grise ne jouait plus, elle ne faisait plus ses numéros de charme ni ses caprices devant la nourriture. Elle ne recevait plus de caresses, et elle dormait dans un coin de la chambre, non plus roulée en moelleuse boule mais accroupie pour observer le lit où était soignée la chatte noire.

Puis la chatte noire commença à se rétablir, et ce fut la pire période – d'un point de vue humain, en tout cas. Et peut-être aussi pour la chatte noire, qui avait été forcée malgré elle à reprendre vie. Elle était comme un chat nouveau-né, qui doit tout apprendre, ou bien comme une personne très âgée. Elle avait perdu le contrôle de ses intestins : elle semblait avoir oublié l'usage des caisses de sciure. Elle s'alimentait douloureusement, maladroitement, et faisait beaucoup de saletés en mangeant.

N'importe où, il lui arrivait de s'effondrer brusquement et de rester immobile, le regard fixe. Bouleversante, cette petite bête malade, distante, toujours accroupie et raide, jamais roulée ni allongée. Et puis ce regard fixe – elle paraissait morte, avec ces yeux fixes et lointains. Je crus pendant quelque temps qu'elle était peut-être devenue un peu folle.

Mais elle s'améliora. Elle cessa de salir la maison. Elle se mit à manger un peu. Et un jour, au lieu de s'accroupir comme d'habitude, elle se souvint qu'on pouvait se coucher en boule. La première fois, ce ne fut pas facile. Elle s'y essaya à deux ou trois reprises, comme si ses muscles avaient oublié comment procéder. Puis elle y parvint, le nez blotti contre la queue, et s'endormit. Elle était redevenue une vraie chatte.

Mais elle ne s'était pas encore léchée. J'essayai de le lui rappeler en approchant sa patte de sa joue et en frottant doucement, mais elle ne suivit pas le mouvement. Il était encore trop tôt.

Je dus partir pour un voyage de six semaines, et confiai les deux chattes à une amie.

A mon retour quand j'entrai dans la cuisine, la chatte grise avait repris sa place sur la table, sa place de chef. Et par terre se trouvait la chatte noire, bien portante, le pelage luisant, propre, et ronronnant.

L'équilibre du pouvoir était rétabli. Et la chatte noire avait oublié sa maladie. Mais pas complètement. Ses muscles ne se sont jamais vraiment rétablis. Il lui reste une raideur dans les hanches : elle ne peut pas sauter carrément, encore qu'elle se débrouille assez bien. Au-dessus de sa queue, son dos révèle encore la trace d'une petite surface rasée. Et quelque part dans sa mémoire demeure un souvenir de cette époque. Plus d'un an après, je l'emmenai à la clinique pour une petite infection sans gravité à l'oreille. Elle se laissa enfermer et transporter dans le panier. Elle supporta bien l'attente dans la salle. Mais quand elle entra dans la salle d'examen, elle se mit à trembler et baver. On l'emmena dans la pièce où elle avait subi tant d'injections afin de lui nettoyer les oreilles et, quand on la ramena, elle était raidie par l'effroi, la bouche ruisselante d'écume; elle continua à trembler pendant plusieurs heures. Mais elle est néanmoins redevenue une chatte normale, avec des instincts normaux.

Chapitre huit

Peut-être est-ce parce qu'elle a approché la mort de si près, mais les appétits de la chatte noire sont énormes : assistons-nous en elle à un redressement d'équilibre?

Elle mange trois ou quatre fois plus que la chatte grise et, quand elle est en chaleur, elle l'est avec passion. La chatte grise se montrait amoureuse avec élégance. La chatte noire est obsédée.

Pendant quatre ou cinq jours, les humains contemplent, effarés, cette farouche force de la nature. La chatte noire annonce l'apparition de son besoin sexuel par des ronronnements passionnés, elle se roule par terre et réclame des caresses. Elle fait l'amour avec nos pieds, le tapis, une main. La chatte noire miaule dans le jardin. La chatte noire se plaint de toute sa voix que ce n'est pas assez, vraiment pas assez – et puis, se désintéressant de toute question sexuelle, elle devient mère, à plein temps et à cent pour cent, sans jamais le moindre élan vers autre chose.

Le père de la première portée de la chatte noire était un nouveau chat, un jeune tigré. Cet été-là, une nouvelle population de chats était apparue. Les vivisecteurs, ou les fournisseurs de peaux de chats, avaient encore sévi dans notre quartier, et six chats s'étaient évanouis dans la nuit.

A sa disposition, il y avait : le beau tigré; un chat noir et blanc à long poil; et un chat noir à taches grises. Elle voulait le tigré, et elle eut le tigré. Avec des suppléments. Vers la fin de la seconde journée de sa saison d'amours, j'observai la scène suivante.

La chatte noire avait été prise par le tigré, et ce pendant plusieurs heures. Elle arriva en courant dans le vestibule, en proie au désir d'être pourchassée. Elle se roula par terre, folle d'impatience. Le chat tigré arriva à sa suite, la regarda, la lécha puis, comme elle se roulait en tous sens et l'implorait, il posa une patte sur elle, comme pour dire : Bon, calme-toi un peu. Indulgent, affectueux, il restait accroupi là, la patte posée sur l'importune chatte noire. Sous cette patte elle se tortillait et suppliait. Calme-toi, disait-il. Puis elle parvint à se dégager, fila dans le jardin, et se retourna pour voir s'il la suivait. Il la suivait en effet, mais prenant son temps. Dans le jardin attendait le chat noir et blanc. Notre chatte se roulait par terre, s'efforçant de séduire le chat tigré qui demeurait assis à proximité, apparemment indifférent, et se léchait le poil. Mais il l'observait. Elle commença à diriger son manège vers le chat noir et blanc. Le chat tigré se rapprocha d'eux pour les contempler. Et il resta là à regarder tandis que la chatte noire s'accouplait avec le noir et blanc. Ce fut un accouplement bref. Quand la chatte noire se dégagea de son nouveau partenaire, le chat tigré la punit, par pure forme, en lui frottant un peu les oreilles. Puis il monta sur elle à son tour. A aucun moment il ne parut prêter la moindre attention, sans même parler de le punir, au chat noir et blanc qui, pendant ces trois ou quatre jours, renouvela ses assiduités auprès de la chatte noire, laquelle se fit à chaque fois taper un peu les oreilles, mais jamais bien fort.

Les chattes ont un double utérus, de même que les lapines. La chatte noire donna le jour à six petits. Il y en avait un gris, deux noirs, et trois noir et blanc, le partenaire occasionnel paraissant donc plus engagé dans la conception des chatons que le tigré favori.

Tout comme la chatte grise, la chatte noire se révèle fort éloignée des lois naturelles selon lesquelles les chats nouveau-nés devraient être cachés dans des lieux sombres. Elle préfère avoir ses petits dans une pièce habitée en permanence. A cette époque-là, la chambre du haut était occupée par une fille qui préparait des examens, et se trouvait donc presque toujours là. La chatte noire sélectionna son fauteuil de cuir, et y mit au monde ses petits sous la surveillance de la chatte grise. Une ou deux fois cette dernière grimpa sur le bras du fauteuil et tendit la patte pour toucher un chaton. Mais dans ce domaine la chatte noire possède une parfaite assurance et domine aisément la chatte grise, qui à chaque fois, se trouvait contrainte de redescendre.

Les petits chats naquirent correctement, proprement, et assez vite. Comme toujours nous vécûmes un moment affreux tandis qu'il apparaissait un, deux, trois, quatre, cinq, six chatons, quand à chacun nous espérions que ce serait le dernier, que pour une fois elle en aurait seulement deux ou trois. Et comme chaque fois nous décidâmes que trois suffiraient, nous nous débarrasserions des autres; et puis quand ils furent bien nettoyés, redressés avec leurs pattes de devant posées sur la poitrine de leur maman, et tétant vigoureusement tandis qu'elle ronronnait de fierté, nous décidâmes que jamais nous ne pourrions les tuer.

Contrairement à la chatte grise, elle détestait les quitter; et n'était jamais aussi heureuse que quand il se rassemblait quatre ou cinq personnes autour du fauteuil pour les admirer. Quand la chatte grise reçoit en bâillant les hommages, elle se montre insolente, langoureuse. Mais la chatte noire au milieu de ses petits, quand on lui dit qu'elle est belle et intelligente, bâille de plaisir et sans arrière-pensée, avec sa bouche et sa langue si roses qui ressortent sur son pelage de jais.

La chatte noire, quand elle est mère, n'a peur de rien. Avec ses petits dans la maison, s'il entre d'autres chats elle se précipite en bas de l'escalier et les chasse en poussant des cris perçants : ils détalent et sautent sur les murs.

Tandis que la chatte grise, s'il arrive un chat indésirable, gronde et menace jusqu'à l'arrivée d'un humain. Puis, disposant de ce soutien, elle s'élance après l'intrus – mais pas avant. Si personne ne vient, elle attend la chatte noire. La chatte noire attaque; et, derrière elle, la chatte grise s'y met aussi. La chatte noire regagne la maison d'un pas rapide, l'air réfléchi, occupé, sa mission accomplie; peureuse, la chatte grise revient en sautillant, s'arrête pour lécher son pelage, et puis se terre derrière des jambes humaines ou une porte pour lancer un cri de défi.

La chatte grise, quand la noire est occupée avec ses petits, redevient presque, pas tout à fait, elle-même. Elle arpente le lit quand vient la nuit pour choisir sa place préférée, non plus sous le drap ou sur mon épaule, mais blottie derrière le creux des genoux ou appuyée contre les pieds. La chatte grise me lèche le visage délicatement, jette un coup d'œil par la fenêtre, repérant l'arbre, la lune, les étoiles, le vent, ou les amours des chats dont elle est désormais infiniment éloignée, et puis s'installe. Le matin, quand elle veut que je m'éveille, elle s'assied sur ma poitrine et me caresse le visage de sa patte. Ou bien, si je suis allongée sur le flanc, elle se place de façon à guetter mon visage. Infinie douceur de sa patte qui m'effleure. J'ouvre les yeux, et déclare que je ne veux pas me réveiller.

Je referme les yeux. La chatte me caresse doucement les paupières. Elle me lèche le nez. Elle se met à ronronner, à quelques centimètres de mon visage. Puis, comme je persiste à feindre de dormir, elle me mordille délicatement le nez. Je ris et m'assieds. Aussitôt elle saute à bas du lit et s'élance dans l'escalier pour qu'on lui ouvre la porte de service si c'est l'hiver, ou qu'on la nourrisse si c'est l'été.

La chatte noire descend du second étage quand elle pense qu'il est l'heure de se lever, et s'assied par terre en me regardant. Il m'arrive de prendre conscience du regard insistant de ses yeux jaunes. Elle monte sur le lit. La chatte grise gronde tout bas. Mais la chatte noire, soutenue par sa nichée de chatons, connaît ses droits et n'a plus peur de rien. Elle traverse le lit et s'installe de l'autre côté, près du mur, sans prêter la moindre attention à la chatte grise. Elle reste assise là, à attendre. La chatte grise et la chatte noire échangent de longs regards verts et jaunes. Puis, si je ne me lève pas, la chatte noire saute par-dessus moi jusqu'à terre. De là, elle guette si ce bond m'a réveillée. S'il ne m'a pas réveillée, elle recommence. Et recommence encore. La chatte grise, alors, méprisant le manque de subtilité de la chatte noire, lui montre comment il faut faire : elle s'accroupit et me caresse le visage. Cependant, la chatte noire ne peut pas acquérir la finesse de la chatte grise : elle n'en éprouve qu'impatience. Elle ignore comment caresser un visage pour obtenir un rire, ou comment mordre doucement, moqueusement. Elle sait que si elle saute par-dessus moi assez de fois, je me réveillerai et la nourrirai, et elle pourra retourner auprès de ses petits.

Je l'ai regardée tenter d'imiter la chatte grise. Quand la grise s'étire sur le dos pour susciter notre admiration et que nous lui roucoulons comme elle est jolie, la chatte noire se laisse tomber à côté d'elle, dans la même position. La chatte grise bâille; la noire bâille. Alors la chatte grise rampe sur le dos sous le canapé, et voilà la noire vaincue, elle ne sait pas faire ce numéro-là. Elle retourne donc à ses bébés, sachant fort bien que nous viendrons aussi l'y admirer.

La chatte grise devenait chasseresse. Ce n'était absolument pas pour se nourrir.

Sa chasse n'a jamais rien à voir avec la nourriture – ou plus exactement, avec la nourriture considérée comme substance alimentaire; il s'agit uniquement d'une remarque, d'une affirmation concernant ses émotions.

Un week-end, j'avais oublié d'acheter du lapin frais, alors qu'à l'époque elle ne mangeait plus rien d'autre. Il y avait des conserves. Quand elle a faim, la chatte grise s'assied, non pas dans le coin des écuelles, méprisable endroit tout juste bon pour la chatte noire, mais de l'autre côté de la cuisine, à sa place à elle. Jamais elle ne miaule pour demander à manger. Elle s'assied devant une soucoupe imaginaire, et me regarde. Si je ne semble pas m'en apercevoir, elle vient tourner autour de mes jambes. Si je persiste à ne pas comprendre, elle saute en l'air et griffe un peu ma jupe. Puis elle me mordille très doucement le mollet. En dernier ressort, elle s'approche de la soucoupe de la chatte noire, lui tourne le dos, et gratte une terre imaginaire pour la recouvrir, exprimant bien qu'en ce qui la concerne, ce n'est là qu'excrément.

Mais il n'y avait vraiment pas de lapin dans le réfrigérateur. Je l'ouvris, tandis qu'elle attendait, tout près, puis le refermai pour exprimer qu'il n'y avait rien là qui pût l'intéresser et que, si elle avait vraiment faim, il lui faudrait manger des conserves. Elle ne comprit pas, et retourna s'asseoir devant sa soucoupe imaginaire. Je rouvris une nouvelle fois le réfrigérateur, le refermai, et désignai la nourriture en conserve avant de retourner à mon travail.

La chatte grise sortit alors de la cuisine et, quelques minutes plus tard, revint avec deux saucisses cuites qu'elle déposa à mes pieds.

Vilaine chatte! Voleuse! Malhonnête chatte voleuse de saucisses!

A chaque épithète elle fermait les yeux, se retournait, et grattait une terre imaginaire pour recouvrir les saucisses, puis elle sortit furieuse de la cuisine.

Je montai dans la chambre, d'où je peux voir les cours, les jardins et les murs. La chatte grise était sortie de la maison et traversait le jardin en direction du mur du fond d'une longue foulée de chasseur. Elle sauta sur le mur du fond, le parcourut au pas de course, et disparut. Je ne pouvais pas voir où elle était partie.

Je retournai à la cuisine. Elle apparut avec une nouvelle saucisse cuite, qu'elle déposa auprès des deux autres. Puis, ayant cette fois encore gratté de la terre imaginaire par-dessus, elle quitta la cuisine et monta dormir sur mon lit.

Le lendemain, je découvris par terre un chapelet de saucisses crues et, assise à côté, la chatte grise qui attendait de me voir déchiffrer les implications de cette déclaration.

Je songeai que peut-être les malheureux acteurs du petit théâtre se voyaient ainsi privés de leur déjeuner. Mais non. Je regardai par la fenêtre de ma chambre la chatte grise parcourir le mur et puis d'un bond disparaître dans le mur d'une maison placé à angle droit. J'avais remarqué qu'il manquait là deux ou trois briques – sans doute pour ménager la ventilation d'une cuisine. Difficile pour un chat de s'introduire dans un aussi petit trou, surtout en sautant depuis un mur étroit, mais c'était pourtant bien là ce qu'elle faisait, et qu'elle fait encore quand elle veut manifester qu'elle s'estime mal nourrie.

Cette pauvre femme dans sa cuisine, qui a fait cuire des saucisses pour le petit déjeuner de son mari et, se retournant, ne les trouve plus. Des fantômes! Ou bien elle frappe un chien ou un enfant innocent. Ou elle dépose sur une assiette une livre de saucisses crues, prêtes pour la poêle. Elle se détourne un instant – plus de saucisses. La chatte grise traverse en courant le jardin avec un chapelet de saucisses accroché à sa suite, pour le déposer sur le linoléum de la cuisine. Peut-être ce geste lui vient-il de ses ancêtres chasseurs, qui étaient formés à attraper et rapporter de la nourriture pour les humains; et cette mémoire lointaine reste imprimée dans son cerveau, pour se traduire dans cette langue presque humaine.

Chapitre neuf

Dans le gros sycomore du fond du jardin, chaque année, une grive construit son nid. Chaque année les oisillons sortent de leurs coquilles et prennent leur premier envol droit dans la gueule des chats à l'affût. La mère et le père s'élancent à leur suite, et s'y font prendre aussi.

Les cris et les pépiements épouvantés d'un oiseau attrapé bouleversent la maison. La chatte grise a apporté l'oiseau, mais uniquement pour faire admirer son adresse, car elle joue à le torturer – et avec quelle grâce. Accroupie dans l'escalier, la chatte noire regarde. Elle n'a jamais tué d'oiseau. Mais quand, trois, quatre, ou cinq heures après que la chatte grise a attrapé la malheureuse chose et l'a laissée pour morte, la noire s'en empare et joue avec pour imiter la chatte grise. Chaque été j'arrache à la chatte grise des oiseaux et je les lance hors de sa portée, dans l'air ou dans un jardin voisin – s'ils ne sont pas trop endommagés, bien sûr, pour leur donner une chance de s'en sortir. Quand cela se produit, la chatte grise est furieuse, elle couche ses oreilles et me foudroie du regard. Elle ne comprend pas, non, pas du tout. Quand elle apporte un oiseau, elle éprouve de la fierté. C'est un cadeau, en vérité; je n'ai compris cela que l'été suivant, dans le Devon. Mais je la gronde et je lui reprends l'oiseau, je ne suis pas contente du tout.

Horrible chatte! Tortionnaire d'oiseaux! Chatte sadique! Descendante dégénérée d'honnêtes chasseurs!

Elle étincelle de fureur, en réponse à ma voix fâchée; et elle s'enfuit dans le jardin avec l'oiseau tout pépiant. Je ferme la porte de service et les fenêtres, tandis que la torture se poursuit. Plus tard, quand tout s'est tu, la chatte grise revient. Elle ne se frotte pas contre mes jambes, ni ne me fête. Elle m'ignore et monte se calmer en dormant. Quant au cadavre de l'oiseau, mort d'épuisement plus que de ses blessures, il raidit dans le jardin.

Quand je fis émonder le gros arbre, à la demande des voisins qui ne l'aiment guère parce qu'il fait de l'ombre dans leurs jardins, ou parce que « ses feuilles font des saletés partout » – l'élagueur commença à monologuer dans le jardin. Pas directement à mon intention, car j'étais après tout la cliente qui allait le rémunérer : mais à la cantonade, contre la vie moderne qui, dit-il, est anti-arbres.

« Tous les jours, déclara-t-il avec amertume, ils m'appellent. J'y vais. Voilà un bel arbre qui a mis cent ans à pousser – que sommes-nous comparés à un arbre? Et ils me disent, coupez-le, il abîme les roses. Des roses! Qu'est-ce que des roses, comparées à un arbre? Et je suis obligé de couper un arbre à cause de leurs roses. Hier encore, il a fallu couper un frêne à un mètre du sol. Pour faire une table, qu'elle m'a dit. Avec un arbre qui avait mis cent ans à pousser. Elle voulait s'asseoir à une table et boire du thé en regardant ses roses. Il ne reste plus d'arbres, de nos jours, les arbres disparaissent. Et si vous faites du bon boulot, il ne sont pas contents, non, ils veulent qu'on défigure les arbres à la hache. Et les oiseaux, alors? Vous le saviez, que vous aviez un nid sur cette branche-là?

– C'est à cause des chats, répondis-je. Je préférerais que les oiseaux aillent faire leur nid ailleurs.

– Ah oui, dit-il, c'est ce qu'on me dit chaque fois – les chats. Tout le monde veut faire couper les arbres et avoir des chats partout. Et les oiseaux, alors, qu'est-ce qui leur reste? Je vous le dis, je vais finir par quitter ce métier, personne ne veut plus d'un honnête artisan, de nos jours – non mais regardez ces chats, regardez-les! »

Pour ce jardinier, les arbres et les oiseaux formaient une unité, une unité sacrée qui méritait la priorité. Et même la priorité sur les humains, j'imagine, s'il avait pu en décider lui-même. Quant aux chats, il était prêt à les faire tous disparaître.

Il émonda l'arbre, sans l'ébrancher; et au printemps suivant, une grive vint y faire son nid, puis les petits prirent leur premier envol jusque dans la gueule des chats, comme d'habitude. L'un d'eux, toutefois, s'envola par la plus haute fenêtre de la maison, dans la chambre inhabitée. Et il y passa toute la journée, si familier qu'il s'installa sur une chaise et me dévisagea, à trente centimètres de distance, presque les yeux dans les yeux. Il n'avait aucune impulsion de peur à l'égard des êtres humains – pas encore. Je maintins la porte fermée, cependant que la chatte grise faisait le guet juste derrière. Plus tard au cours de cette soirée d'été, quand tous les oiseaux dormaient déjà en silence, le petit oiseau retourna directement de la fenêtre à l'arbre, sans approcher du sol. Et peut-être a-t-il survécu.

Ce qui me rappelle une histoire que m'a racontée une dame qui habite au septième et dernier étage d'un immeuble à Paris, près de la place de la Contrescarpe. Elle croit à la nécessité de voyager léger et de ne pas s'encombrer, afin de pouvoir à tout moment se déplacer librement. Son mari est marin. Bon. Un jour, un oiseau s'élança d'un arbre et atterrit chez elle, puis sembla ne plus vouloir repartir. Cette femme est très soignée, la dernière au monde à supporter les saletés des oiseaux. Mais « quelque chose la toucha ». Elle étala des journaux, et laissa l'oiseau se familiariser. L'oiseau ne partit point vers le sud quand survint l'hiver, comme il aurait dû; et soudain mon amie comprit qu'elle se retrouvait chargée de responsabilité. Si elle jetait l'oiseau à la rue maintenant, en plein hiver, il mourrait. Elle devait s'absenter en voyage pour deux semaines, et ne pouvait pas laisser l'oiseau. Elle acheta donc une cage et l'emmena avec elle.

Elle se vit alors : « Imaginez donc : moi! moi! arrivant dans un hôtel de province avec une valise dans une main, et un oiseau en cage dans l'autre! Moi! Mais que pouvais-je faire? J'avais l'oiseau dans ma chambre, et j'étais obligée de me montrer gentille avec la patronne et les femmes de chambre. Je m'étais métamorphosée en amie de l'humanité entière – Seigneur! Les vieilles dames m'arrêtaient dans l'escalier. Les jeunes filles me racontaient leurs peines de cœur. Je regagnai Paris le plus tôt possible, et attendis en boudant le printemps. Là, je lâchai l'oiseau par la fenêtre en le maudissant, et depuis ce jour-là je garde toujours mes fenêtres fermées. Je ne veux absolument pas qu'on me trouve gentille, et voilà tout! »

La chatte noire se retrouva prise dix jours seulement après la naissance de sa portée. Le phénomène me parut soudain bien coûteux, mais le vétérinaire déclara que c'était courant. Le petit avorton qui naquit de cette grossesse, et bien souvent il s'avère que les avortons ont le meilleur caractère, sans doute parce qu'ils doivent compenser en charme ce que les autres ont en force – alla vivre dans un appartement plein d'étudiants. Il se tenait sur une épaule devant une fenêtre du troisième étage quand un aboiement de chien éclata dans la pièce à côté. Par un réflexe d'effroi, il sauta par la fenêtre.

Tout le monde se précipita dans la rue pour ramasser le corps. Mais le petit chaton se léchait tranquillement le poil, assis sur le trottoir. Il n'avait aucun mal.

Provisoirement sans enfants, la chatte noire redescendit l'escalier vers la vie normale. Sans doute la chatte grise avait-elle cru que la noire s'était définitivement retirée au second étage, dans la responsabilité maternelle. Et que donc elle disposait du terrain pour elle seule. Elle comprit qu'il n'en était rien; elle pouvait être menacée à tout moment. La lutte pour le choix des positions reprit, et cette fois de manière déplaisante. Ayant eu ses petits, la chatte noire avait gagné en assurance, et elle ne se laissait plus aussi facilement intimider. Par exemple, elle ne voulait plus dormir par terre ou sur le canapé.

L'affaire fut ainsi réglée : la chatte grise dormait près de l'oreiller, et la noire au pied du lit. Mais c'était la grise qui gardait le privilège de pouvoir m'éveiller. Cérémonie qui se déroulait à présent pour le bénéfice exclusif de la chatte noire : les taquineries, les caresses, les petits coups de langue et les ronronnements avaient lieu sous le regard aigu de la rivale vaincue : regarde, regarde-moi. Et les caprices alimentaires : regarde, regarde-moi. Et les oiseaux : regarde ce que je sais faire et pas toi. Je crois qu'au cours de ces semaines, les deux chattes avaient oublié l'existence des humains. Elles n'avaient plus de rapports qu'entre elles, tels des enfants en rivalité pour qui les adultes ne constituent plus que des objets manœuvrables et corruptibles, hors de cette obsession où les enfants n'ont plus conscience que les uns des autres. Le monde entier se réduit à l'autre, qu'il faut battre, vaincre. Un petit univers illuminé, brûlant, effrayant, semblable à celui de la fièvre.

Les chattes perdirent leur charme. Elles faisaient les mêmes choses, accomplissaient les mêmes gestes. Mais le charme – disparu.

Qu'est-ce que le charme, donc? Le don gratuit d'une grâce, d'une chose donnée par la nature dans son rôle prodigue. Mais il y a là quelque chose d'embarrassant, d'intolérable, une discordance : nous nous trouvons en présence d'une injustice. Parce que certaines créatures reçoivent beaucoup plus que d'autres, elles doivent le redistribuer? Le charme constitue quelque chose en plus, superflu, inutile, une sorte de pouvoir jeté avec désinvolture – offert. Quand la chatte grise se roule sur le dos dans une chaude tache de lumière, voluptueuse, exquise, c'est un charme qui vous prend à la gorge. Mais quand la même chatte grise se roule par terre, exactement de la même façon, mais avec un regard dur fixé sur la chatte noire, c'est affreux, et ses mouvements mêmes acquièrent quelque chose de brutal. Quant à la chatte noire, qui regarde, ou qui essaie de copier quelque chose où elle n'a aucun don naturel, elle laisse paraître un élément d'envie furtive, comme si elle volait quelque chose. Si la nature prodigue arbitrairement à une créature, comme elle l'a fait à la chatte grise, l'intelligence et la beauté, alors la chatte grise devrait en retour les prodiguer aussi généreusement.

Comme le fait la chatte noire dans la maternité. Quand elle se niche parmi ses petits, une fine patte étendue sur eux, protectrice et tyrannique, les yeux mi-clos, avec un ronronnement au fond de la gorge, elle est superbe, généreuse – et sûre d'elle-même avec désinvolture. Cependant que la malheureuse chatte grise, privée de son sexe, se tient à l'autre bout de la pièce, tour à tour envieuse et rancunière, et tout son corps, sa figure, ses oreilles couchées affirment : Je la déteste, je la déteste.

En bref, pendant une période de quelques semaines, elles ne procurèrent aucun plaisir aux humains de la maison, et certainement aucun à elles-mêmes non plus.

Mais tout changea brusquement à cause d'un voyage à la campagne, où ni l'une ni l'autre n'était jamais allée.

Chapitre dix

Toutes deux avaient des souvenirs de peur et de souffrance associés au panier à chat; je pensai donc qu'elles n'aimeraient guère voyager dedans.

Nous les laissâmes en liberté à l'arrière de la voiture. La chatte grise bondit aussitôt à l'avant, sur mes genoux. Elle était malheureuse. Pendant tout le temps que nous mîmes à sortir de Londres, elle trembla et miaula sans répit, sur un ton de plainte aiguë qui nous rendait tous fous. Quant à la chatte noire, elle gémissait d'une voix grave et endeuillée qui correspondait à son malaise intérieur, et non point à ce qui se passait autour d'elle. La chatte grise hurlait chaque fois qu'une voiture ou un camion apparaissait dans l'encadrement de la fenêtre. Je l'installai donc à mes pieds, afin de lui épargner la vue de la circulation. Cela ne lui convint pas. Elle voulait voir ce qui causait ces bruits effrayants. Et en même temps, elle détestait le voir. Elle se tenait crispée sur mes genoux, relevait la tête chaque fois qu'un bruit s'amplifiait, voyait la masse noire et frémissante de l'engin qui passait devant nous ou s'estompait derrière nous – et miaulait. L'expérience de la circulation par l'intermédiaire d'un chat nous enseigne l'étendue de ce que nous refoulons chaque fois que nous montons en voiture. Nous n'entendons pas l'effroyable vacarme – le frémissement, les rugissements, les crissements perçants. Si nous l'entendions, nous deviendrions légèrement fous, comme la chatte grise.

Ne pouvant supporter cela, nous nous arrêtâmes pour tenter de l'enfermer dans le panier. Elle entra en véritables transes, tant sa peur était grande. Nous la remîmes donc en liberté, et tentâmes l'expérience avec la chatte noire. Elle se révéla enchantée de voyager dans le panier, avec le couvercle rabattu. Pendant tout le voyage, la chatte noire resta dans le panier avec le bout du nez qui sortait par un trou latéral. Nous lui caressions le museau en lui demandant comment elle se sentait; et elle répondait de sa voix grave et triste, mais sans paraître excessivement bouleversée. Peut-être son état de grossesse n'était-il pas étranger à ce calme.

Pendant ce temps, la chatte grise gémissait. La chatte grise miaula sans relâche pendant tout le trajet, six heures de voiture, jusque dans le Devon. Elle finit par se blottir sous le siège avant, et l'absurde miaulement insensé se poursuivit sans que nous puissions l'apaiser par nos paroles ni nos caresses. A la fin, nous ne l'entendions plus; pas plus que nous n'entendons la circulation.

Nous passâmes cette nuit-là chez des

amis, dans un village. Les deux chattes furent installées dans une vaste pièce, avec de la nourriture et un bac à sable. On ne pouvait pas les lâcher en liberté, car il y avait d'autres chats dans la maison. La chatte grise oublia sa terreur dans la détermination de battre la noire. Elle se servit en premier du bac à sable; mangea en premier; et s'établit sur l'unique lit. Là, elle trôna, défiant la chatte noire d'y venir aussi. La chatte noire mangea, employa le bac à sable, puis s'assit par terre en dévisageant la grise. Quand la chatte grise sauta à bas du lit, plus tard, afin de manger encore, la chatte noire s'y installa d'un bond, mais en fut aussitôt chassée.

Elles passèrent ainsi la nuit. Finalement, quand je m'éveillai, la chatte noire se trouvait par terre, les yeux fixés sur la grise qui montait la garde au pied du lit, et foudroyait la chatte noire d'un regard menaçant.

Nous nous installâmes ensuite dans une petite maison, sur la lande. C'est une habitation ancienne qui est restée vide un certain temps, et n'est que fort peu meublée. Mais il s'y trouve une grande cheminée. Jamais ces chattes n'avaient vu un feu nu. Quand les bûches s'enflammèrent, la chatte grise poussa un hurlement d'effroi et monta précipitamment se cacher sous un lit, où elle resta.

Quant à la chatte noire, elle fit le tour de la pièce du bas en reniflant, découvrit l'unique fauteuil, et s'en empara. Le feu l'intéressait; et à condition de maintenir une certaine distance, elle ne semblait pas en avoir peur.

Mais elle craignait la campagne, à l'extérieur de la maison – les champs, l'herbe, les arbres, non point enfermés par des rectangles de briques bien alignés, mais étalés sur des hectares et séparés par de simples murets de pierres.

Pendant quelques jours, il fallut chasser les chattes de la maison pour leur faire faire leurs besoins dehors. Puis elles comprirent et commencèrent à sortir de leur propre chef – mais brièvement; tout d'abord, pas plus loin que sous les fenêtres, où il y a des plates-bandes et des pavés. Puis un peu au-delà, jusqu'à un mur de pierre entièrement recouvert de plantes. Ensuite, dans un petit enclos ceint de murs. Et de là, lors de sa première visite, la chatte grise ne revint pas aussitôt. Les orties, les chardons et les digitales y croissaient en nombre; et il s'y cachait une multitude d'oiseaux et de mulots. La chatte grise s'accroupissait à proximité de cette petite forêt vierge, faisant travailler ses oreilles, ses moustaches, sa queue – elle écoutait et sentait. Mais elle n'était pas prête encore à accepter sa propre nature. L'atterrissage d'un oiseau sur une branche suffisait à la faire fuir jusque dans la maison, sous le lit. Où elle restait plusieurs jours. Mais quand arrivaient des voitures, des visites, ou des livraisons de bois, de pain ou de lait, elle semblait se sentir prise au piège dans la maison, et s'élançait vers les champs, où elle se sentait plus en sécurité. En bref, elle paraissait désorientée; elle n'était plus elle-même; et elle avait apparemment perdu ses sens et ses instincts. Elle ne mangeait plus guère non plus; on a du mal à concevoir le temps qu'un chat peut survivre sans avaler plus qu'une gorgée de lait ou d'eau, quand il refuse une nourriture qui ne lui plaît pas, qu'il a peur ou qu'il est malade.

Nous craignions qu'elle ne s'enfuie – pour regagner Londres, peut-être.

Quand j'avais six ou sept ans, un homme avait passé une soirée entière dans la salle éclairée de notre ferme, sous le toit de chaume, à caresser un chat. Je le revois flattant l'animal et lui parlant; et le cercle de lumière que projetait la lampe autour d'eux, l'homme et le chat, composait un tableau que je vois à présent. Je ressens encore ce que j'éprouvai si fortement à l'époque, un malaise, une gêne. Je me tenais auprès de mon père, et je partageais ses sentiments. Mais que se passait-il donc? Je sollicite ma mémoire, j'essaie de la prendre par surprise, de la faire travailler à partir de cette lueur chaude sur le pelage gris et doux, à partir de la voix trop émotionnelle de cet homme. Mais tout ce qui me revient est cette gêne, ce désir de le voir partir. Quelque chose n'allait pas. En tout cas, il voulait le chat. C'était un bûcheron; il coupait du bois près des montagnes, à une trentaine de kilomètres. Les week-ends, il retournait auprès de sa femme et de ses enfants à Salisbury. Maintenant, il faut se demander : que diable voulait-il faire d'un chat dans un campement de bûcherons? Pourquoi un chat adulte et non un petit, qui aurait appris à le considérer comme son maître, à appartenir au camp? Pourquoi ce chat-là? Pourquoi étions-nous prêts à nous séparer d'un chat adulte, ce qui est toujours risqué, et au bénéfice d'un homme qui ne vivait au camp que provisoirement, puisque à la saison des pluies il retournerait en ville? Pourquoi? Eh bien, la réponse, évidemment, réside dans la tension, la discorde qui régnait ce soir-là dans la pièce.

Nous nous rendîmes en voiture au camp, avec le chat.

Sur les hauts contreforts d'une chaîne de montagnes, un paysage de parc, avec de grands arbres sereins. Très bas sous les arbres, un groupe de tentes blanches dans une clairière. Les cigales faisaient un bruit perçant. Ce devait être la fin septembre ou octobre, car les pluies ne tardèrent pas à commencer. Il faisait très chaud, très sec. Au loin la plainte monotone de la scie semblait éternelle, comme le chant des cigales. Et le silence ensuite semblait exagéré, quand elle s'arrêtait. Le bruit sourd de l'arbre qui tombait, et puis une forte odeur de feuilles et d'herbe chaude s'élevait, provoquée par le poids des branches qui s'écrasaient à terre.

Nous passâmes la nuit en ce lieu torride et silencieux. Et nous y laissâmes le chat. Il n'y avait pas de téléphone au camp; mais le week-end suivant, l'homme nous appela pour nous signaler que le chat avait disparu. Il était désolé; il lui avait bien beurré les pattes, suivant la recommandation de ma mère, mais il n'existait pas au camp d'endroit où l'enfermer, car on ne pouvait guère enfermer un chat dans une tente; et il s'était enfui.

Deux semaines plus tard, par une chaude matinée, le chat se glissa hors de la brousse et dans la maison. Nous lui avions connu le poil luisant. Il était maintenant amaigri, avec le poil hérissé, l'œil hagard et apeuré. Il s'élança vers ma mère et s'accroupit en la dévisageant, pour s'assurer que dans ce monde de terreur une personne au moins était demeurée la même. Puis il monta se nicher dans ses bras, ronronnant et pleurant de joie d'être rentré à la maison.

Bon, cela fait trente kilomètres, peut-être à peine plus d'une vingtaine à vol d'oiseau, mais pas pour un chat. Il s'était glissé hors du camp, le nez pointé dans la direction où ses instincts lui disaient d'aller. Entre la ferme et le camp de bûcherons s'étendait un méandre de routes de terre, et le chemin qui menait au camp n'était, sur sept ou huit kilomètres, qu'une paire d'ornières parallèles au milieu des herbes sèches. Il était peu probable que le chat eût pu retrouver le chemin de la voiture. Il avait dû traverser en plein veld, immense étendue désolée et en friche, regorgeant de souris et d'oiseaux pour le nourrir, mais aussi d'ennemis des chats comme les léopards, les serpents, les oiseaux de proie. Il voyageait sans doute de nuit. Il y avait deux rivières à traverser. A la fin de la saison sèche, elles n'étaient guère larges. Et l'on trouvait à certains endroits des gués de pierres; ou bien peut-être avait-il longé les berges pour trouver un endroit où les branches des arbres se rejoignaient au-dessus de l'eau, afin de traverser par les arbres. Ou bien encore il se peut qu'il ait traversé à la nage. J'ai entendu dire que les chats le font, mais je n'en ai jamais vu.

La saison des pluies commença au cours de ces deux semaines. Les deux rivières s'enflent soudain d'une crue inattendue. Un orage éclate en amont, à quinze, vingt ou vingt-cinq kilomètres. L'eau se met à bouillonner et forme une énorme vague qui s'élance, dressée jusqu'à cinq mètres de hauteur. Le chat aurait très bien pu se trouver au bord de l'eau, à attendre une occasion de traverser la rivière, au moment où les premières eaux de la saison étaient arrivées dans un bouillonnement. Il avait eu de la chance pour les deux rivières. Mais il avait quand même été mouillé : il avait eu le poil trempé, puis avait séché. Une fois traversée la seconde rivière sans dommages, il lui restait encore plus de quinze kilomètres à parcourir dans le veld. Il avait dû courir aveuglément, affamé, farouche et désespéré, ne sachant rien d'autre que la nécessité de courir encore, et la certitude d'avoir pris la bonne direction.

La chatte grise ne s'enfuit pas, même

si elle y songeait sérieusement quand il venait des inconnus à la maison et qu'elle se cachait dans les champs. Quant à la chatte noire, elle avait pris possession du fauteuil et s'y plaisait.

Pour nous, ce fut une époque de dur travail, à peindre les murs, récurer les sols, arracher des hectares d'orties et de mauvaises herbes. Nous ne mangions que par nécessité, n'ayant guère le temps de cuisiner. Et la chatte noire partageait nos repas, heureuse, car la peur de la chatte grise l'avait écartée, en tant que rivale. C'était la chatte grise qui se frottait contre nos jambes à notre retour, qui ronronnait et recevait les caresses. Trônant dans le fauteuil, elle nous regardait entrer et sortir lourdement, chaussés de grosses bottes, et contemplait le feu – ces flammes, ce rouge, ces créatures toujours en mouvement qui la persuadèrent bientôt, mais pas immédiatement, cela prit du temps, de ce que nous croyons naturel : l'association du feu dans la cheminée avec la présence d'un chat.

Elle devint peu à peu assez brave pour se rapprocher du feu, et s'asseoir à proximité. Elle courait se jucher sur le tas de bois empilé dans le coin, et de là sautait dans l'ancien four à pain, qu'elle considérait désormais comme un meilleur recoin où mettre bas ses petits. Mais quelqu'un l'oublia, et referma la porte du four. Et voilà qu'au milieu d'une nuit venteuse, résonna le cri lugubre par lequel la chatte noire proclame son impuissance à la face du destin. Aucun appel de la chatte noire ne peut rester sans réponse : c'est sérieux car, contrairement à la chatte grise, jamais elle ne se plaint sans une bonne raison. Nous descendîmes en courant. Les tristes miaulements provenaient du mur. La chatte noire était enfermée dans le four à pain. Aucun danger; mais elle avait eu peur; elle revint au niveau du sol et des fauteuils, où la vie présentait l'avantage d'avoir déjà été expérimentée, et de s'être révélée sûre.

Quand la chatte grise se décida enfin à descendre au rez-de-chaussée, quittant sa retraite sous le lit, la chatte noire était la reine du cottage.

La chatte grise tenta d'intimider la noire par des regards foudroyants; de la chasser par la peur de son fauteuil et du coin du feu par une tension musculaire menaçante et des mouvements de colère inopinés. La chatte noire l'ignora. La chatte grise voulut recommencer ses jeux de préséance pour la nourriture. Mais elle n'avait pas de chance, car nous étions tous trop occupés pour y jouer avec elle.

Il y avait la chatte noire, heureuse devant le feu, et puis il y avait la chatte grise – bien éloignée de là, exclue.

La chatte grise se réfugiait sur le bord de la fenêtre et lançait des miaulements méfiants à l'adresse des flammes dansantes. Elle s'approcha – le feu ne lui fit aucun mal. Et puis la chatte noire était là, à une longueur de moustache des flammes. La chatte grise se rapprocha encore, s'assit sur un tapis de l'âtre, et contempla les flammes, oreilles rabattues et queue en mouvement. Lentement, elle comprenait à son tour que le feu derrière des barreaux était un avantage. Elle s'allongea et se roula devant le feu, exposant son ventre crémeux à la chaleur, comme elle l'aurait fait à Londres au soleil. Elle avait fait la paix avec le feu.

Mais pas avec la prise de pouvoir de la chatte noire.

Je restai seule quelques jours au cottage. Soudain, plus de chatte noire. La chatte grise s'installait dans le fauteuil, se vautrait devant le feu. La noire n'était nulle part dans la maison. La grise ronronnait, me léchait, me mordillait; elle me disait et me redisait comme il était bon de nous retrouver seules, comme il était bon d'être enfin débarrassées de la chatte noire.

Je partis à la recherche de la chatte noire, et la trouvai dans un pré, cachée. Elle miaula tristement, et je la pris dans mes bras pour la ramener à la maison, où elle s'enfuit terrorisée à la vue de la grise. Je frappai la chatte grise.

Puis, en partant faire les courses ou me promener sur la lande, je m'aperçus que la chatte noire me suivait en miaulant jusqu'à la voiture. Ce n'était pas qu'elle voulait monter en voiture avec moi; elle ne voulait pas que je m'en aille du tout. Je remarquai que, quand je m'en allais, elle grimpait sur un mur ou dans un arbre, le dos protégé, et n'en redescendait qu'à mon retour. La chatte grise la battait quand je m'en allais. La chatte noire était alors très alourdie par la naissance prochaine de sa portée, qui arrivait trop tôt après la première. La chatte grise était beaucoup plus forte qu'elle. Cette fois, je frappai la grise très fort, et lui révélai ce que je pensais d'elle. Elle comprit fort bien. Quand je m'absentais, désormais, j'installais la chatte noire dans la maison et laissais la grise dehors. La chatte grise boudait. La noire était déprimée; mais, encouragée par nous, elle reprit possession du fauteuil et n'en laissa plus approcher la grise.

La chatte grise allait donc dans le jardin, devenu une vaste étendue de broussailles coupées court. Elle attrapa quelques mulots et les apporta dans la maison, pour les déposer au beau milieu de la salle. Mécontents, nous les jetâmes dehors. La chatte grise se détacha de la maison, et passa ses journées en plein air.

Au bout d'un étroit sentier bordé de murs de pierres, s'ouvre une petite clairière où se révéla, une fois coupée l'herbe qui l'encombrait jusqu'à hauteur d'épaule, une mare calme et lisse. Au-dessus de l'eau se dresse un grand arbre, et tout autour il pousse de l'herbe, elle-même ceinte de broussailles et de fourrés.

Une grosse pierre se trouve au bord de la mare, et la chatte grise vint s'y asseoir pour regarder l'eau. Était-ce dangereux? Une étendue d'eau lui était aussi étrangère que le feu, au début. Le vent souleva des vaguelettes qui vinrent caresser le bord de la pierre et lui mouillèrent les pattes. Elle poussa un cri plaintif et regagna en courant la maison. Où elle s'assit sur le seuil, les oreilles frémissantes, le regard fixé sur la mare, au bout du sentier. Lentement, elle y retourna – pas tout de suite : jamais la chatte grise ne pouvait admettre aussi vite qu'elle avait pu se tromper. Tout d'abord, elle recomposa sa dignité, se lissa le poil, fit sa toilette, afin de bien montrer son indifférence. Puis elle prit une route détournée vers le bassin, à travers une partie du jardin encore à l'abandon, puis sur le terrain rocailleux qui bordait la mare. La pierre était toujours là, au bord de l'eau. L'eau, faiblement animée, aussi. Et aussi l'arbre aux branches basses qui surplombaient l'eau. La chatte se frayait un chemin dans l'herbe mouillée avec des mines contrariées de vieille dame. Elle reprit sa place sur la pierre, et regarda l'eau. Au-dessus d'elle, les branches dansaient sous l'impulsion du vent; et de nouveau l'eau lui mouilla les pattes. Elle les recula vivement et se redressa, dans une pose attentive et crispée. Elle leva la tête vers l'arbre, qui s'agitait vigoureusement – de *cela*, elle avait l'habitude. Elle contempla l'eau en mouvement. Puis elle fit une chose que je lui avais déjà vu faire avec la nourriture. L'une comme l'autre, quand elles se trouvent devant une nourriture inconnue, la chatte grise et la chatte noire tendent la patte pour y toucher. Elles palpent, tripotent, puis portent la patte à leur museau et reniflent la substance nouvelle avant de la goûter. La chatte grise tendit donc une patte vers l'eau sans toutefois y toucher. Puis elle recula sa patte. Elle fut tentée de s'enfuir : ses muscles se contractèrent, et puis elle changea d'avis. Elle pencha la tête et but un peu d'eau. Mais le goût ne lui plut pas : ce n'était pas la même eau que celle qu'elle boit dans mon verre, la nuit, sur ma table de chevet; ni la même que celle qui goutte du robinet et qu'elle attrape en penchant la tête. Elle enfonça une patte dans l'eau et l'y maintint, puis l'en sortit et la lécha. De l'eau, oui. Quelque chose qu'elle connaissait, ou en tout cas du même genre.

La chatte grise s'accroupit sur la pierre, tendit la tête au-dessus de l'eau, et contempla son réfléchissement. Rien de bizarre à cela : elle avait l'habitude des miroirs. Mais les vaguelettes effaçaient le réfléchissement. Elle posa la patte sur son image dans l'eau mais, contrairement à un miroir, l'eau s'ouvrit et lui mouilla la patte. Elle se redressa, manifestement contrariée. C'en était trop; elle regagna la maison à pas délicats dans l'herbe humide. Là, après avoir exprimé à la chatte noire, avec ses seuls yeux, combien elle la détestait, elle s'installa devant le feu en tournant le dos à la noire qui, de son fauteuil, l'observait avec méfiance.

La chatte grise retourna à la mare, à sa pierre. Assise là, elle observa que l'arbre constituait un lieu favori des oiseaux qui, dès l'instant où elle quittait la clairière, venaient boire et jouer dans l'eau, voletant au ras de la surface. La chatte grise allait désormais au bassin pour guetter les oiseaux. Mais jamais elle n'en attrapa un seul. Je ne pense pas qu'elle ait jamais attrapé un seul oiseau à la campagne.

Peut-être parce qu'il y rôde tant de chats, et que les oiseaux les connaissent?

Quand on roule la nuit sur les chemins, les phares de la voiture surprennent sans cesse des chats; des chats dans les haies, chassant les mulots; des chats qui s'enfuient pour échapper aux roues; des chats sur les barrières; des chats sur les murs.

Pendant la première semaine de notre séjour au cottage, qui se trouve bien en retrait de la route et des autres maisons, niché derrière des arbres et des murs, plusieurs chats vinrent observer qui étaient les nouveaux venus, et quels chats les accompagnaient.

Au milieu d'une nuit, je vis une queue roussâtre disparaître par une fenêtre ouverte. Un chat, songeai-je; et je me rendormis. Le lendemain au magasin, cependant, on me raconta que des renards quittaient la lande sauvage de Dartmoor pour attaquer les chats. Toutes sortes d'histoires horribles sur les renards et les chats. Mais à la campagne, on ne peut guère enfermer les chats; et une contrée révélant une telle abondance de chats ne semble pas illustrer un bien grand danger de renards, ni d'ailleurs d'aucune autre sorte.

La queue rousse appartenait finalement à un beau chat brun-roux, que la chatte grise chassait de la maison, maintenant qu'elle s'était de nouveau approprié les lieux. Elle ne tarda pas à chasser tous les visiteurs chats, aussi loin que le portail, à cent mètres de la maison. Le cottage et les champs qui l'entouraient constituaient désormais le territoire de la chatte grise; et nous la voyions se chauffer au soleil dans les hautes herbes du petit pré qui dominait la maison, ou bien accroupie dans le champ du bas, où les oiseaux viennent se désaltérer à des trous d'eau boueuse.

Et puis – l'invasion. D'un côté, les barrières étaient effondrées; et un matin, comme je descendais allumer le feu, je trouvai les deux chattes assises sur le rebord intérieur de la fenêtre, provisoirement alliées parce qu'à l'extérieur s'étaient rassemblées d'énormes bêtes odorantes et meuglantes qu'elles n'avaient encore jamais vues. La chatte noire émit sa plainte lugubre et creuse. C'en est trop, de quoi s'agit-il maintenant, je ne puis rien tenter, à l'aide. Et la chatte grise hurla d'un ton de défi, bien à l'abri derrière la fenêtre. Le bétail des champs avoisinants avait franchi les clôtures et, passant près de la maison, se hâtait dans la bousculade en direction de la mare et du grand pré qui, elles le savaient manifestement, devait être à point pour y paître. Je n'avais personne pour m'aider à chasser le bétail; personne avant la fin de la journée; et le fermier ne venait pas. Une cinquantaine de bêtes se comportaient là comme chez elles, et les chattes en étaient perturbées. Elles coururent de fenêtre en fenêtre, s'élancèrent jusque sur le seuil de la maison, furieuses, et se lamentèrent amèrement, jusqu'à ce qu'il me vienne de l'aide pour renvoyer les énormes bêtes menaçantes à leurs propres pâturages. Sauvées. Mais les chattes avaient appris que ce genre d'animaux ne présentait aucun danger. Car deux ou trois jours plus tard, quand le portail resta ouvert et que des poneys vinrent de la lande s'établir chez nous, les chattes ne se plaignirent pas et ne manifestèrent aucun effroi. Huit petits poneys vinrent paître dans le vieux jardin; et la chatte grise s'approcha d'eux, s'assit sur le mur de pierre, et les observa. Elle ne voulait pas descendre du mur; mais elle s'intéressait, et elle resta là jusqu'au départ des poneys.

Les chats peuvent contempler des créatures, des activités, des gestes qui leur sont inhabituels pendant des heures entières. Faites un lit, balayez une pièce, remplissez ou videz une valise, cousez, tricotez n'importe quoi, ils vous regarderont faire. Mais que voient-ils? Il y a deux semaines, la chatte noire et deux de ses petits s'étaient installés au milieu de la chambre et me regardaient tailler du tissu. Ils suivaient le mouvement des ciseaux, de mes mains, de l'étoffe qui formait des tas distincts. Ils y passèrent toute la matinée, totalement absorbés. Mais je ne pense pas qu'ils voient ce que nous pensons. Que voit la chatte grise, par exemple, quand elle observe pendant une demi-heure la manière dont les poussières tourbillonnent dans un rayon de soleil? Ou quand elle regarde par la fenêtre les feuilles d'un arbre s'agiter? Ou quand elle lève la tête vers la lune, au-delà des capuchons de cheminée?

Quant à la chatte noire, méticuleuse éducatrice de ses petits, jamais elle ne rate l'occasion d'une leçon de morale. Pourquoi passerait-elle une matinée entière, flanquée d'un bébé de chaque côté, à observer le scintillement du métal sur l'étoffe sombre, pourquoi renifle-t-elle les ciseaux, le tissu, pourquoi parcourt-elle le champ d'opérations puis communique-t-elle ses observations aux petits, afin qu'ils en fassent autant – en y mêlant, car ils sont encore enfants, des jeux et des tours? Mais ils reniflent les ciseaux et l'étoffe, comme leur mère vient de le faire. Ils s'asseyent et observent. Elle apprend quelque chose et le leur enseigne, cela ne fait aucun doute.

Chapitre onze

La chatte noire n'allait pas très bien avant cette seconde naissance. Elle avait une plaque de pelade sur le dos, et elle avait maigri. Et puis elle manifestait une grande nervosité : pendant toute la semaine précédant la naissance, elle ne voulut pas rester seule. La maison était pleine de monde, et nous n'avions aucune difficulté à lui tenir compagnie. Puis, pendant le week-end, nous nous retrouvâmes à trois femmes; il faisait mauvais temps, et l'envie nous prit d'aller voir la mer par gros temps. Mais la chatte noire ne voulait pas nous laisser partir. Nous nous sentions tous d'humeur irritable : nous avions décidé de ne pas lui laisser plus de deux bébés, car elle n'était pas en état de les nourrir. Cela signifierait qu'il nous faudrait en tuer quelques-uns.

Le dimanche, elle entra en travail vers dix heures du matin. Ce fut une affaire fort lente et épuisante. Le premier chaton naquit vers quatre heures de l'après-midi. Elle était fatiguée. Il s'écoula un long moment entre l'expulsion du nouveau-né et le réflexe maternel de se retourner pour le lécher. C'était un beau petit chat. Mais nous étions convenues de ne pas trop regarder les petits, de ne pas admirer ces vigoureuses miettes de vie. Enfin, le second bébé. Elle était très fatiguée, à présent, et elle lança son triste appel au secours. Bon, décidâmes-nous, voilà : qu'elle garde ces deux-là, et nous nous débarrasserons des autres. Nous allâmes chercher une bouteille de scotch, et en bûmes une bonne partie. Puis le troisième chaton : cela devait bien suffire, non? Le quatrième, le cinquième, le sixième. Pauvre chatte noire en travail, qui s'épuisait à expulser ses petits, à les lécher, puis à tout nettoyer – que d'activité dans les profondeurs du fauteuil. Enfin elle fut propre, ainsi que ses petits, et ils se mirent à téter. Elle était allongée, ronronnante et superbe.

Brave chatte, gentille chatte, belle chatte... mais rien à faire, il fallait absolument nous débarrasser de quatre nouveau-nés.

Ce que nous fîmes. Ce fut affreux. Puis nous partîmes à deux dans le grand pré avec les torches électriques, nous creusâmes un trou sous la pluie battante, et nous y ensevelîmes les quatre chatons en sacrant et maudissant la nature, nous-mêmes, et la vie; puis nous regagnâmes la grande salle paisible où brûlait un feu, et nous retrouvâmes la chatte noire étendue sur une couverture propre, toute belle et fière de ses deux petits – la civilisation triomphait de nouveau. Et nous contemplâmes, incrédules, ces deux petits chats déjà si forts et dressés côte à côte sur leurs pattes arrière, tandis que leurs minuscules pattes de devant grattaient le flanc de leur mère. Impossible de les imaginer morts, mais ils avaient été choisis par hasard; et si une heure auparavant, ma main les avait soulevés descendant du ciel comme le destin – ces deux-là giseraient à présent sous la terre lourde et détrempée d'un champ. Ce fut une nuit affreuse; nous bûmes trop; et nous décidâmes finalement de faire opérer la chatte noire, parce que vraiment, vraiment, cela n'en valait pas la peine.

La chatte grise grimpa sur le bras du fauteuil, tendit une patte pour toucher un bébé, et la chatte noire sortit aussitôt ses griffes; la chatte grise sortit bouder sous la pluie.

Le lendemain, nous nous sentions beaucoup mieux; et nous partîmes voir la mer, redevenue bleue et lisse car le temps avait tourné pendant la nuit.

Les ronronnements fiers de la chatte noire s'entendaient dans toute la grande salle.

Et la chatte grise apporta plusieurs souris, qu'elle déposa sur le dallage. J'avais alors compris que les souris faisaient partie de la compétition, constituaient un cadeau, mais cela n'y changeait rien : il est difficile de voir sous un jour favorable des souris mortes. A mesure qu'elle les apportait, je les jetais dehors; et elle me dévisageait avec ses oreilles rabattues, l'œil étincelant de rancœur.

Chaque matin quand je m'éveillais, la chatte grise était assise au pied de mon lit, et par terre, je trouvais une souris fraîchement tuée.

Oh, gentille chatte. Brave chatte. Merci beaucoup, chatte. Mais je les jetais dehors. Et la chatte noire sortait les manger.

J'étais assise sur le mur en pierres du jardin quand je vis la chatte grise chasser.

C'était une journée de nuages fins et rapides, de sorte qu'il courait sur les champs, la maison, les arbres et le jardin une succession de lumière et d'ombre; et la chatte grise semblait une ombre parmi les ombres sous un lilas. Elle se tenait parfaitement immobile; mais en l'observant attentivement, on pouvait voir remuer faiblement ses moustaches et ses oreilles; elle ne se tenait pas plus immobile qu'il n'était naturel, là où l'herbe et les feuilles frémissaient dans une brise légère. L'œil en mouvement, elle guettait des broussailles taillées, à quelques pas. Pendant que je la regardais, elle s'avança comme en rampant, très vite, semblable à l'ombre d'une branche en mouvement. Trois petites souris s'affairaient dans un nid d'herbes sèches. Elles ne l'avaient pas vue. Elles s'arrêtèrent un instant pour grignoter quelque chose, bougèrent à nouveau, s'immobilisèrent une nouvelle fois pour inspecter les alentours. Alors pourquoi la chatte ne s'élançait-elle pas tout de suite? Elle se tenait à moins de quatre pas. Je restai en place; la chatte resta en place; les souris poursuivirent leur existence. Une demi-heure s'écoula. Le bout de la queue de la chatte s'agita : sans impatience; mais exprimant clairement ce qu'elle pensait : J'ai tout mon temps. Un nuage éblouissant derrière lequel resplendissait le soleil de midi lâcha quelques gouttes dorées. L'une de ces gouttes tomba sur la tête de la chatte. Elle parut contrariée, mais ne bougea pas. Les gouttes d'or tombèrent parmi les souris. Elles s'immobilisèrent, puis s'assirent, et regardèrent. Je distinguais les minuscules yeux noirs et attentifs. Quelques gouttes tombèrent sur la tête de la chatte. Elle secoua la tête. Les souris se figèrent, et la chatte s'élança d'un grand bond. Un pauvre petit cri plaintif. La chatte s'assit, avec une souris dans la gueule, qui se débattait. La chatte laissa tomber la souris, qui s'efforça de fuir, mais la chatte demeurait vigilante. Une patte s'avança; de toutes ses méchantes griffes sorties, elle ramena la souris vers elle. Nouveau petit cri. La chatte mordit. Les pauvres cris cessèrent. La chatte se lécha délicatement. Puis elle ramassa la souris et s'approcha de moi en lançant la souris en l'air et la rattrapant, exactement comme elle l'avait fait naguère avec ses petits. Elle déposa la souris à mes pieds. Tout ce temps-là elle m'avait vue : sans rien en laisser paraître.

Tout le monde s'en alla, et je demeurai seule dans la maison.

J'avais davantage de temps pour caresser les chattes et leur parler.

Un jour dans la cuisine, comme je préparais leur nourriture dans leurs soucoupes sur la table, la chatte grise sauta sur la table et se mit à manger dans l'une des soucoupes. La chatte noire attendait par terre. Mais quand je déposai les deux soucoupes sur le dallage, la chatte grise s'en alla : elle ne voulait plus manger par terre.

Le lendemain, même scène. La chatte grise essayait de m'amener à la nourrir sur la table, lieu supérieur, tandis que la noire resterait au sol pour manger. Je lui dis non; que c'était absurde; et pendant trois jours elle ne mangea rien de ce que je lui donnais; mais peut-être se nourrissait-elle de souris. Pas quand on pouvait la voir, en tout cas. Le quatrième jour, elle sauta comme d'habitude sur la table, et je songeai : Voici qui est intéressant, voyons un peu. Elle parut enchantée de manger tout ce qui se trouvait dans la soucoupe; et pendant tout le temps qu'elle mangeait, elle jetait des coups d'œil vers la chatte noire qui mangeait par terre : Regarde-moi, je suis la préférée.

Quelques jours plus tard, la chatte noire sauta sur la table pour tenter d'obtenir le même privilège. A quoi la chatte grise, les oreilles couchées, s'élança sur le rebord de la fenêtre, au-dessus de la table, et attendit que j'y dépose sa soucoupe. Si la chatte noire obtenait le privilège de la table, se disait-elle, il lui fallait désormais exiger quelque chose de mieux.

Mais là, je me mis en colère et leur déclarai qu'elles m'ennuyaient décidément trop, et qu'à l'avenir elles mangeraient par terre.

La chatte grise quitta alors la maison, et pendant plusieurs jours ne mangea ni ne but plus rien. Elle restait dehors toute la journée; ensuite, ce fut aussi bien la nuit – et puis elle demeura absente deux ou trois jours d'affilée. C'est à ce point-là qu'en Afrique nous aurions dit : La chatte grise vire à l'état sauvage. Et nous aurions pris des mesures, nous l'aurions grondée, enfermée, rappelée à sa nature domestique. Mais sans doute n'est-il pas si facile, dans l'Angleterre si peuplée, de devenir sauvage. Même à Dartmoor, il doit toujours luire quelque lumière d'une maison à distance raisonnable.

Quand elle revint, je cédai; je lui donnai à manger sur la table, et lui murmurai des paroles tendres; et puis je marquai un peu d'indifférence à la chatte noire –

après tout, elle avait ses petits. Et c'est ainsi que la chatte grise regagna la maison, et se remit à passer ses nuits au pied de mon lit. Et quand elle apportait des souris, je m'efforçais de prononcer à chaque fois un bref discours de félicitations.

La chatte noire dévorait les souris mortes. La chatte grise, jamais. J'observai que jamais la chatte noire ne commençait à manger avant que j'eusse vu le corps. Une fois que j'avais accepté le cadavre et félicité la chatte grise, alors la chatte noire quittait son fauteuil et mangeait la souris, proprement, méthodiquement, cependant que la chatte grise suivait la scène sans s'interposer le moins du monde. Mais elle essaya cependant de les déposer sur une table, sur un rebord de fenêtre, là où elle semblait espérer que la chatte noire ne les verrait pas. Mais la chatte noire les voyait toujours, et grimpait où il le fallait pour les manger.

Et puis un matin, quelque chose d'extraordinaire se produisit.

J'étais partie faire des courses à Okehampton. A mon retour, je trouvai par terre un petit tumulus, une sorte de tas de verdure. La chatte grise montait la garde à proximité, et m'observait. La chatte noire attendait avec ses petits, sur le fauteuil. Toutes deux voulaient que je m'intéresse à ce monticule de verdure.

Je m'approchai pour bien regarder. Sous les éléments végétaux, une souris morte. La chatte grise avait attrapé la souris, et l'avait déposée par terre en cadeau. Mais j'avais mis plus longtemps à revenir qu'elle ne l'avait prévu; et elle avait donc eu le temps de faire un peu de décoration – ou bien peut-être s'agissait-il d'un avertissement adressé à la chatte noire, lui enjoignant de laisser la souris tranquille.

Elle avait dû faire trois voyages jusqu'à la haie, qui venait d'être taillée, pour rapporter trois brassées de géranium sauvage, qu'elle avait délicatement posées sur la souris.

Tandis que je la complimentais, elle garda les yeux fixés sur la chatte noire – avec un air de triomphe supérieur et malveillant.

On m'a raconté depuis que les lions traînent parfois des branchages par-dessus une proie fraîchement tuée. Pour la marquer? Pour la protéger des chacals et des hyènes? Pour l'abriter du soleil?

La chatte grise se souvenait-elle, au travers de milliers d'années, de sa parenté avec le lion?

Mais je m'interroge : supposons que la chatte noire ne soit jamais venue vivre chez nous, supposons que la chatte grise soit restée seule maîtresse de nous et des endroits où nous habitons, aurait-elle, en avançant dans la vie, pris la peine de nous charmer et de nous cajoler? Aurait-elle élaboré ce langage compliqué de vanité et de dignité? Aurait-elle jamais attrapé un oiseau ou une souris? Je pense que très probablement, non.

Chapitre douze

Le moment de regagner Londres. La chatte grise fut laissée en liberté à l'arrière de la voiture, et à nouveau se lamenta sans répit, pendant les six heures de route. Un bref silence, lorsqu'elle s'endormit. Puis un miaulement particulièrement aigu quand elle se réveilla et constata qu'elle souffrait toujours.

Et ce phénomène si remarquable de

l'aller : il ne lui suffisait pas de subir le bruit, le mouvement, le malaise; elle voulait *voir* les terrifiantes apparitions et disparitions des autres véhicules. Je suis prête à jurer que ses miaulements comportaient alors une note de satisfaction. De même qu'une personne névrosée, elle en tirait du plaisir.

La chatte noire restait tranquille dans le panier avec ses deux bébés, les nourrissait, et ronronnait quand je glissais un doigt pour lui caresser le nez; et elle ne se plaignait que quand la voix de la chatte grise s'élevait trop, répondant alors, pendant un bref moment, à chaque miaulement de la grise par un miaulement égal. Elle semblait se dire, puisqu'*elle* le fait, sans doute faut-il le faire. Mais elle ne parvenait pas à garder le tempo.

Je lâchai les deux chattes dans la maison, et elles se reconnurent aussitôt chez elles. La chatte noire emmena ses chatons dans la salle de bains, où elle aime les garder pendant les deux semaines où ils ont l'âge d'apprendre. Et la chatte grise monta aussitôt prendre possession du lit.

L'automne. Les portes donnant sur le jardin fermées à cause du chauffage; bacs à sable installés dans la véranda; chattes lâchées dehors quand elles le demandent. Pas très souvent : elles semblent se satisfaire d'une existence enfermée quand il fait froid.

La chatte noire entra en période de chaleur intense. Elle fut d'abord en chaleur, comme il est normal, dix jours après la naissance des petits, dans le Devon. C'était l'époque où la chatte grise chassait. La chatte noire laissa ses petits dans le fauteuil, au coin du feu, et partit à la recherche d'un mâle. Mais je ne sais pas pourquoi elle n'en trouva aucun : sans doute la chatte grise les avait-elle tous chassés trop sévèrement. En tout cas, aucun n'accourut aux appels de la chatte noire, comme ils le font à Londres. Il lui faudrait aller chercher plus loin dans la campagne. Elle emporta ses chatons à l'étage, où ils lui semblaient plus en sécurité, puis se dirigea vers le portail, où elle se mit à miauler et appeler. Elle revint brièvement auprès de ses petits, car même ses amours ne passent pas avant ses enfants; elle les nourrit, et repartit en chasse. Elle mangeait à peine, et à force de hurler et miauler elle devint famélique. Quand je m'éveillais la nuit je l'entendais, qui appelait près du portail. Mais elle ne trouva pas de compagnon; et elle redevint dodue, avec le poil luisant.

Pendant les deux mois de notre absence de Londres, la population des chats avait entièrement changé. Il ne restait plus un seul des chats d'antan. Le tigré gris avait disparu; et le chat noir et blanc à longs poils aussi. Mais le chat blanc à taches grises, relativement nouveau, était encore là. Plus aucun autre chat alentour pour les amours; le chat blanc taché devint donc père, et nous attendîmes avec curiosité de voir ce qu'il adviendrait cette fois de cette combinaison génétique.

L'automne fut pluvieux et froid. Quand je sortais dans le jardin de derrière, les deux chattes m'accompagnaient et parcouraient à pas délicats les feuilles mouillées, puis se pourchassaient jusqu'à la maison. Une sorte d'amitié commençait. Elles ne se sont encore jamais léché l'une l'autre, ni n'ont dormi l'une contre l'autre. Mais elles commençaient à jouer un peu; mais le plus souvent, celle qui voulait commencer se voyait repousser avec un sifflement dédaigneux. Elles ne s'approchent encore qu'avec méfiance, en se reniflant le museau – est-ce toi, amie ou ennemie? On dirait une poignée de mains d'adversaires.

La chatte noire s'alourdissait et dormait beaucoup. La chatte grise avait repris la haute main sur la maison, faisait ses tours et s'exhibait.

De nouveau la chatte noire donna naissance à sa portée dans la chambre du haut, et nous lui laissâmes les six. Nous étions encore sous le choc du meurtre de la série précédente, et ne pouvions nous résigner à recommencer.

Quand ils furent en âge de se déplacer, la chatte noire décida qu'elle souhaitait une seule chose au monde, une seule, et qu'elle allait l'obtenir : elle voulait que ses chatons s'établissent sous mon lit. En effet, la chambre du haut n'était à son grand regret pas occupée à plein temps, de sorte qu'elle ne bénéficiait pas de toute la compagnie et l'admiration souhaitées. L'étudiante passait de joyeuses vacances de Noël, et sortait sans cesse. La chatte noire est pugnace. Elle apporta ses petits dans la chambre. Je les descendis dans ma jupe jusqu'à la salle de bains. La chatte noire les rapporta dans la chambre. Je les remportai dans la salle de bains. Elle les rapporta encore. Finalement, ce fut la force brute qui l'emporta : je fermai la porte à clé.

Vint l'époque où, les chatons étant au stade le plus enchanteur, on ne songe plus qu'à s'en débarrasser. Des chatons sous les pieds partout où l'on va, sur les tables, les sièges, les rebords de fenêtre, des chatons occupés à griffer et déchirer le mobilier. Partout où l'on regardait, un petit séducteur noir — car ils étaient tous noirs, six petits chatons noirs, et le père gris et blanchâtre n'avait eu aucune influence sur leurs pelages.

Et parmi eux, la chatte noire infatigable, dévouée, attentive à chacun d'eux à chaque instant. Elle buvait des litres de lait dont elle n'avait nulle envie, car chaque fois qu'un chaton s'approchait, elle voulait lui apprendre à boire. Elle mangeait chaque fois qu'un chaton se trouvait à proximité d'une soucoupe. J'ai vu la chatte noire, manifestement peu désireuse de manger même une seule bouchée de plus, se lécher et s'apprêter à prendre un peu de repos cependant qu'un bébé quittait la pièce. Ce chaton-là ou un autre arrivait. La chatte noire se penchait au-dessus de la soucoupe et mangeait, en émettant cet appel bas et modulé dont elle use avec ses petits. Le chaton approchait, s'asseyait d'un air curieux auprès de sa mère, et la regardait manger. La chatte continuait à manger lentement, se forçant. Le chaton reniflait la nourriture, décidait qu'il préférait le lait tiède, et se glissait vers les mamelles de sa mère. La chatte noire lançait alors un ordre à voix basse. Docile, le chaton se dirigeait vers la soucoupe et y donnait un ou deux coups de langue; puis, ayant obéi aux ordres, il s'élançait de nouveau vers sa mère qui se couchait sur le côté pour l'allaiter.

Ou encore, la chatte noire et le bac à sable. Elle est sortie dans le jardin; elle vient de se libérer. Mais il faut enseigner aux petits. La chatte noire s'installe dans le bac à sable et se met en position adéquate. Elle appelle ses petits : regardez-moi. Elle reste accroupie là, tandis que les chatons circulent autour du bac, à regarder ou non. Quand elle sent que l'un d'eux a compris, elle descend du bas et s'assied à côté, encourageant le bébé par ses ronronnements et ses tendres appels, afin de lui faire faire ce qu'elle lui a montré. Le minuscule chaton noir copie maman. Bravo! Chaton paraît surpris. Maman le lèche.

Les petits de la chatte noire ne traversent jamais de période où ils font des saletés. A la vérité, et de même que les enfants dressés de manière rigide, ils révèlent une extrême anxiété à ce sujet. Surpris à jouer loin du bac à sable, un chaton émettra un miaulement désespéré; entreprendra de se mettre en position – mais nouveau miaulement désespéré : ce n'est pas le bon endroit. La chatte noire arrive en courant à la rescousse : elle enjoint au chaton d'aller dans la pièce où se trouve le bac. Le chaton y court, peut-être avec une petite fuite de rien du tout, et en miaulant. Sur le bac à sable, quel soulagement, cependant que la mère suit l'affaire d'un œil approbateur. Ah, quel gentil petit chaton propre je suis, proclame le petit chaton par tout son comportement. Le chaton quitte la caisse et reçoit un petit coup de langue approbateur, désinvolte, tel un baiser.

Ce petit chat-là a compris; mais les autres? Et voilà la chatte noire repartie, occupée, très occupée à contrôler les minois, les queues, les pelages. Et – où sont-ils? A l'âge qui précède tout juste leur départ du foyer, ils sont partout. La chatte noire court sans répit dans toute la maison, monte et descend l'escalier, entre et sort de partout : où êtes-vous, où êtes-vous? Les chatons se pelotonnent derrière des boîtes, dans les placards. Ils ne viennent pas quand elle les appelle. Alors elle se laisse tomber près d'eux et monte la garde, les yeux mi-clos, pour chasser les éventuels ennemis ou intrus.

Elle s'épuise. Les chatons s'en vont l'un après l'autre. Elle ne semble pas s'en rendre compte avant qu'il n'en reste plus que deux. Elle les surveille avec anxiété. Et puis il en reste un seul. La chatte noire consacre toute sa farouche énergie maternelle à un seul petit chat. Le dernier s'en va. Et la chatte noire parcourt toutes les pièces à sa recherche, en miaulant. Il se produit ensuite une sorte de mystérieux déclic – la chatte noire a oublié ce qui la bouleversait. Elle monte l'escalier et va dormir sur le canapé, à sa place. Elle pourrait tout aussi bien n'avoir jamais eu d'enfants.

Jusqu'à la prochaine portée. Des chatons, des chatons, des pluies de chatons, des invasions de chatons. Il y en a tant qu'on ne voit plus que Chaton, telles les feuilles qui poussent sur la branche nue, deviennent vertes et lourdes, puis tombent, exactement identiques chaque année. Les gens qui viennent vous voir s'enquièrent : Qu'est devenu cet amour de chaton? Quel amour de chaton? Ce sont tous des amours de chatons.

Chaton. Minuscule créature vivace dans sa membrane transparente, baignant encore dans les souillures de sa naissance. Dix minutes plus tard, mouillé mais propre, déjà à la mamelle. Dix jours plus tard, véritable brin de chaton aux yeux doux encore embrumés, il ouvre la bouche pour lancer un brave petit sifflement de défi à la face de l'immense menace qu'il sent, penchée au-dessus de lui. C'est l'époque où, à l'état sauvage, il confirmerait sa situation et deviendrait lui-même un chat sauvage. Mais non, une main humaine le touche, l'odeur humaine l'enveloppe, une voix humaine le rassure. Il ne tarde pas à quitter son nid, confiant dans l'assurance que les gigantesques créatures autour de lui ne lui feront aucun mal. Il vacille sur ses pattes, puis marche, puis court dans toute la maison. Il s'accroupit dans son bac à sable, se lèche, boit du lait, puis s'attaque à un os de lapin et le défend contre le reste de la portée. Chaton enchanteur, chaton ravissant, merveilleux petit animal enfantin et moelleux – et puis il s'en va. Et sa personnalité se formera dans son nouveau foyer, au contact de son nouveau maître, car tant qu'il vit auprès de sa mère il n'est qu'un chaton – encore qu'il s'agisse là d'un chaton fort bien élevé, bien sûr, étant le fils de la chatte noire.

Quand nous finirons par la faire stériliser, peut-être la chatte noire regardera-t-elle les bébés chats comme si elle ignorait ce que c'était, comme fait la chatte grise, pauvre vieille fille de chatte. Peut-être sa mémoire ne perdra-t-elle pas la perception des petits chatons, alors que quand elle les a, ses nuits, ses jours, ses instincts leur sont entièrement consacrés et qu'elle mourrait mille morts pour eux s'il le fallait.

Il y a très longtemps, nous avions ainsi une chatte. Je ne me rappelle plus pourquoi elle était devenue sauvage. Quelque terrible bataille avait dû se dérouler, sans que les humains eussent daigné y prêter attention. Peut-être quelque humiliation avait-elle eu lieu, trop forte pour la fierté d'un chat. En tout cas, cette vieille chatte disparut des mois entiers de la maison. Ce n'était pas du tout une belle bête, mais une vieille chose qui semblait rapiécée, avec ses effilochures de blanc, de noir, de gris et de roux. Un jour elle revint, et s'assit au bord de la clairière où se trouvait la ferme, et observa la maison, les gens, les chiens, les autres chats, les poulets – la scène familiale d'où elle était exclue. Puis elle regagna la brousse. Le lendemain soir, dans un crépuscule d'or et de sérénité, la vieille chatte reparut. Nous étions occupés à chasser les poulets en direction du poulailler afin de les y enfermer pour la nuit. Nous supposâmes que peut-être elle revenait pour attraper des poulets, et nous la chassâmes à grands cris. Elle s'aplatit dans l'herbe et disparut. Le lendemain soir, elle était là. Ma mère s'avança jusqu'à la lisière de la brousse et l'appela. Mais elle se méfiait et ne voulait pas approcher. Elle allait manifestement avoir des petits bientôt : c'était une grande bête décharnée dont les os apparaissaient sous la peau, et qui traînait un gros ventre lourd. Elle avait faim. C'était une année particulièrement aride. La saison sèche avait aplati et rétréci l'herbe, cautérisé les broussailles : à perte de vue tout n'était que squelettes, brins d'herbe desséchés au-dessus desquels s'agitaient de minuscules feuilles, telles des ombres. Les taillis étaient réduits à l'état de baguettes; les arbres, dont les feuillages s'étaient amaigris et desséchés, révélaient la surface de leurs troncs et de leurs branches. Le veld n'était plus que carcasse. Et la colline sur laquelle se trouvait juchée notre maison, si haute et verdoyante à la saison des pluies, si épaisse et moelleuse, était à présent nue et décharnée. Sa forme, renflement progressif en direction d'un haut plateau qui se terminait par une chute abrupte au-dessus de la vallée, apparaissait sous une frange raide de branches et de taillis dénudés. Les oiseaux, les rongeurs avaient peut-être migré vers des lieux plus attrayants. Et la chatte n'était pas assez sauvage pour les suivre, loin de l'endroit qu'elle considérait encore comme chez elle. Peut-être était-elle trop épuisée par la faim et le poids de ses petits pour voyager.

Nous lui offrîmes du lait, et elle le but; mais elle restait méfiante, les muscles tendus, prête à s'enfuir. D'autres chats de la maison vinrent regarder la hors-la-loi. Quand elle eut bu tout le lait, elle courut se réfugier dans sa cachette habituelle. Chaque soir elle revenait se faire nourrir à la maison. L'un de nous se chargeait de tenir à distance les autres chats, qui lui voulaient du mal; un autre lui apportait du lait et de la nourriture. Nous montions la garde jusqu'à ce qu'elle eût fini de manger. Mais elle était nerveuse; elle s'emparait de chaque bouchée comme pour la voler; elle quittait sans cesse l'assiette, la soucoupe, et puis revenait presque aussitôt. Elle s'enfuyait avant d'avoir tout mangé; et puis elle ne voulait pas se laisser caresser, ni même approcher.

Un soir, nous la suivîmes à distance. Elle disparut à mi-coteau. Le terrain avait naguère été creusé et fouillé par un prospecteur d'or. Certaines tranchées s'étaient effondrées – les lourdes pluies avaient entraîné la terre. Les puits étaient abandonnés, avec peut-être un mètre d'eau au fond. On avait tiré des branchages tout autour pour empêcher le bétail de venir y tomber. La vieille chatte devait donc se dissimuler dans l'un de ces trous. Nous l'appelâmes, mais elle ne vint pas et nous la laissâmes en paix.

La saison des pluies commença par un énorme orage spectaculaire, avec de grandes bourrasques, des éclairs, le tonnerre, et une pluie diluvienne. Il arrive que ces orages se poursuivent sans interruption pendant des jours entiers, et même des semaines. Mais cette année-là, nous eûmes deux semaines d'orage continu. L'herbe nouvelle surgit. Les taillis, les arbres revêtirent leur chair verte. Tout était chaud, humide et grouillant de vie. La vieille chatte revint une ou deux fois à la maison; puis ne vint plus. Nous décidâmes qu'elle avait dû se remettre à chasser les souris. Mais voilà qu'une nuit d'orage particulièrement violent, les chiens aboyaient, et nous entendîmes un chat miauler juste devant la maison. Nous sortîmes avec des lampes tempête dans une bourrasque déchaînée où les arbres s'agitaient furieusement, l'herbe était couchée sous le vent, et la pluie s'abattait en grandes nappes grises qui semblaient courir. Sous la véranda, où ils s'étaient réfugiés, les chiens aboyaient pour chasser la vieille chatte accroupie sous la pluie, et dont les yeux verts luisaient comme des lanternes. Elle avait mis bas. Ce n'était plus qu'un vieux squelette de chatte. Nous lui apportâmes du lait et chassâmes les chiens, mais ce n'était pas cela qu'elle voulait. Assise sous la pluie qui la fouettait, elle geignait : elle voulait de l'aide. Nous revêtîmes des imperméables par-dessus nos chemises de nuit, et la suivîmes en trébuchant dans les ténèbres, tandis que le tonnerre roulait au-dessus de nos têtes et que les éclairs illuminaient les rideaux de pluie. A la lisière de la brousse, nous nous arrêtâmes pour nous efforcer de voir quelque chose – devant nous s'étendait le secteur des anciennes tranchées et des anciens puits. Il était dangereux de foncer dans les broussailles. Mais devant nous la chatte continuait à nous implorer, à nous commander. Nous poursuivîmes notre progression à tâtons, avec nos lanternes, dans les herbes et les broussailles qui nous arrivaient à la ceinture, fouettés par la pluie. Nous ne voyions plus la chatte, mais l'entendions appeler sous nos pieds. Juste devant nous se dressait un tas de vieilles branches. Cela signifiait que nous nous trouvions au bord d'un puits. La chatte devait être quelque part là-dedans. Bon, nous n'allions pas commencer à déménager une petite montagne de branches mortes et glissantes au bord d'un puits effrité au milieu de la nuit. Nous tentâmes d'éclairer les interstices des branches et crûmes voir la chatte bouger, mais sans en être certains. Nous retournâmes donc à la maison, abandonnant la malheureuse bête, et nous bûmes du chocolat dans une pièce chaude et bien éclairée, puis tout frissonnants nous nous séchâmes et nous réchauffâmes.

Cependant nous dormîmes fort mal en songeant à cette pauvre chatte, et nous nous levâmes à cinq heures, aux premières lueurs de l'aube. L'orage s'était éloigné, mais tout ruisselait. Nous sortîmes dans la clarté froide du petit matin, et des filaments rouges apparaissaient à l'est, là où le soleil se lèverait plus tard. Nous descendîmes le coteau et pénétrâmes dans la brousse gorgée d'eau, jusqu'au tas de vieilles branches. Aucun signe de la chatte.

C'était un puits de vingt ou trente mètres de fond, d'où partaient deux galeries, l'une à trois mètres de la surface et l'autre beaucoup plus bas. Nous décidâmes que la chatte avait dû cacher ses petits dans la première galerie, qui s'étendait sur une petite dizaine de mètres en pente douce. Nous eûmes beaucoup de mal à soulever toutes ces branches alourdies par l'eau : cela nous prit longtemps. Quand la gueule béante du puits apparut, plus rien de l'ancien tracé net et carré ne subsistait. La terre s'était effondrée, entraînant des branches et des brindilles qui formaient à présent une sorte de plate-forme inégale en contrebas, à cinq mètres environ. Par-dessus s'étaient accumulés des cailloux et de la terre. Le tout formait donc une sorte de sol précaire – mais très mince : au travers nous voyions luire l'eau de pluie, tout au fond du puits. Un peu plus bas que la surface du sol, plus très loin à présent que le contour du puits s'était affaissé, à trois mètres de profondeur environ, nous distinguions l'ouverture de la galerie oblique, un trou d'environ un mètre carré. Couchés à plat ventre dans la boue rougeâtre et glissante, agrippés aux broussailles pour ne pas perdre l'équilibre, nous pouvions voir assez loin dans la galerie – à peu près deux mètres. Et là, apparaissait la tête de la chatte, à peine visible. Elle se tenait parfaitement immobile, comme plantée dans la terre rouge. Nous pensâmes que le tunnel avait dû s'effondrer, avec toute cette pluie, et qu'elle était à demi ensevelie et probablement morte. Nous l'appelâmes : un faible son rauque nous répondit, puis un autre. Elle n'était donc pas morte. Notre problème consistait maintenant à déterminer comment nous la rejoindrions. Inutile de songer à un treuil, qui risquerait à tout instant de glisser sur cette terre détrempée. Et aucun être humain ne pouvait prendre appui sur cette plate-forme précaire en branchettes et brindilles : il semblait même difficile d'imaginer comment elle avait résisté au poids de la chatte, qui avait dû y atterrir d'un bond plusieurs fois par jour.

Nous fixâmes une corde à un arbre, fîmes des nœuds espacés d'un mètre chacun, et la fîmes glisser dans le trou en nous efforçant de ne pas la frotter contre les parois boueuses qui l'auraient rendue glissante. Ensuite l'un de nous descendit le long de la corde avec un panier, jusqu'au niveau de la galerie. La chatte était là, accroupie sur la terre rouge et imbibée d'eau – elle se révéla toute raidie par le froid, et trempée. A côté d'elle se trouvaient une demi-douzaine de chatons âgés d'environ une semaine, et encore aveugles. Les orages de ces deux semaines avaient fait pénétrer tant d'eau dans cette galerie que les parois et le toit s'étaient en partie effondrés; et la tanière qu'elle avait dénichée, qui lui était apparue si sèche et si sûre, s'était transformée en piège mortel. Elle était venue à la maison pour nous demander de sauver ses petits. Elle avait eu peur d'approcher à cause des autres chats et des chiens si hostiles, peut-être aussi par crainte de nous, mais elle avait surmonté son anxiété afin de sauver ses chatons. Mais elle n'avait reçu aucun secours. Elle avait dû perdre tout espoir cette nuit-là, alors que la pluie cinglait, que la terre glissait et s'affaissait autour d'elle, et que l'eau s'engouffrait à sa suite dans le sinistre tunnel instable. Mais elle avait nourri ses petits, ils vivaient. Ils sifflèrent et crachèrent de toutes leurs forces tandis qu'on les installait dans le panier. La chatte était trop raide et mouillée pour avoir la force de sortir seule du puits. Les chatons en colère furent hissés en premier, pendant qu'elle attendait, accroupie sur la terre mouillée. Le panier redescendit, et elle y fut installée à son tour. Nous ramenâmes toute la famille à la maison, et leur donnâmes un coin, de la nourriture, et notre protection. Les chatons grandirent et trouvèrent des foyers d'adoption; et elle redevint une chatte domestique – sans doute eut-elle d'autres petits par la suite.

Chapitre treize

Le printemps. Les portes ouvertes. Une odeur neuve émane de la terre. La chatte grise et la chatte noire galopent et se pourchassent dans le jardin et sur les murs. Elles se roulent dans la pâle tiédeur du soleil – mais à bonne distance l'une de l'autre. Elles se relèvent et se rapprochent avec circonspection, se reniflent nez à nez, d'un côté, puis de l'autre. La chatte noire rentre dans la maison pour accomplir ses tâches de mère; la chatte grise s'en va chasser.

La chatte grise a rapporté du Devon de nouvelles habitudes. Elle chasse avec plus d'agilité, d'audace, de finesse. Elle peut rester des heures immobile, aplatie le long d'un mur, à observer l'arbre. Puis quand l'oiseau descend en voletant, elle bondit. Ou bien, fait surprenant, elle ne bondit pas. Le toit plat du théâtre surplombe le jardin voisin, et les oiseaux s'y posent volontiers. La chatte grise s'allonge sur le toit, non pas ramassée mais étendue, le menton sur la patte, la queue immobile. Et elle ne dort pas. Ses yeux dardent les étourneaux, les grives, les moineaux. Elle guette. Puis elle se lève : son dos se redresse, lentement : elle étire ses pattes arrière, ses pattes avant. La voyant là, les oiseaux se glacent. Mais elle bâille et, ne leur prêtant plus aucune attention, repart à pas circonspects le long du mur, vers la maison. Ou bien elle s'assied au pied de mon lit et les observe par la fenêtre. Peut-être sa queue s'agite-t-elle légèrement – mais c'est tout. Elle peut rester ainsi une demi-heure, observatrice indifférente : du moins est-ce l'image qu'elle offre. Et puis soudain, quelque chose déclenche l'instinct chasseur. Elle renifle, ses moustaches bougent : elle bondit à bas du lit, dans l'escalier, dehors. Puis elle se glisse en rampant le long du mur, dangereuse bête. Elle saute en silence sur le mur – mais pas dessus, non : la chatte grise fait comme les chats des dessins animés, elle agrippe ses pattes de devant au mur, pose son menton au sommet en soutenant son poids grâce à ses pattes de derrière arc-boutées contre le mur, et étudie la situation dans le jardin voisin. Elle est très drôle. On ne peut se retenir de rire. Mais pourquoi? Pour une fois, elle ne pose pas, elle perd la conscience d'elle-même et cesse de se comporter en fonction de l'admiration et des commentaires flatteurs qu'elle espère susciter. Peut-être est-ce le contraste entre cette intensité absolue, cette concentration, et l'inutilité de ce qu'elle va faire : tuer une petite créature qu'elle n'a même pas envie de manger.

Alors qu'on en rit encore, elle fait un rétablissement et bascule de l'autre côté, attrape un oiseau, et remonte sur le mur avec sa proie. Elle revient en courant à la maison avec son trophée – mais non, ces incompréhensibles humains se sont précipités pour fermer la porte. Elle reste donc dans le jardin, à jouer avec l'oiseau jusqu'à ce qu'elle s'en lasse.

Un jour, un oiseau passa en volant au ras d'un toit, vit trop tard le rebord, s'y heurta, et resta immobile, assommé, ou mort, sur le sol. Je me trouvais au jardin avec la chatte grise. Nous nous approchâmes toutes deux de l'oiseau. La chatte grise ne manifesta aucun intérêt – bah, un oiseau mort, semblait-elle penser. Je me souvins comme la chatte noire avait repris vie au contact de la chaleur des mains, et je pris l'oiseau dans mes deux mains. Je m'assis sur la bordure d'une plate-bande, et la chatte grise s'installa à proximité, attentive. Je tenais l'oiseau entre nous deux. Il remua, frissonna; sa tête se redressa, ses yeux se dévoilèrent. J'observais la chatte. Elle ne réagissait pas. L'oiseau posa ses pattes froides sur ma paume et appuya, comme un bébé expérimentant sa force en poussant avec les pieds. Je laissai l'oiseau se tenir sur une paume, et le recouvris de l'autre. Il semblait plein de vie. Pendant tout ce temps, la chatte se contentait de regarder. J'élevai alors la main sur laquelle se trouvait l'oiseau, et il y resta encore posé un moment. La chatte ne réagissait toujours pas. Puis l'oiseau déploya ses ailes et prit son envol. Au dernier moment, l'instinct chasseur de la chatte se déclencha et elle se ramassa pour bondir. Mais l'oiseau était déjà loin, et elle se détendit puis entreprit de se lisser le poil. Au cours de l'incident, ses mouvements avaient présenté la même qualité que ceux d'autrefois, avant sa première portée : quand elle ressentait des élans brefs et sans suite pour préparer une litière à ses petits. Elle faisait certains gestes, où s'engageait une partie d'elle-même; mais elle ne s'en rendait pas vraiment compte; elle n'agissait pas en créature entière et cohérente.

Peut-être existe-t-il un mouvement spécifique de l'oiseau, un signal particulier qui attire l'instinct chasseur du chat; et tant que ce signal n'a pas lieu le chat ne s'intéresse aucunement à l'oiseau, n'a aucune relation avec lui. Ou bien peut-être est-ce un son. Je suis sûre que les pépiements affolés d'un oiseau attrapé, les petits cris d'une souris éveillent chez le chat le désir de tourmenter et torturer. Après tout, même chez les humains, le son de la peur provoque de fortes émotions : panique, colère, réprobation – les ressorts de la morale sont touchés. Il vous vient l'envie de sauver la malheureuse créature, de frapper le chat, ou d'ignorer toute cette maudite affaire de bêtes, de n'en rien voir ni rien entendre. Un tout petit tour d'écrou, et vous y plongeriez les crocs, fouaillant la chair tendre de vos griffes.

Mais quel écrou? Toute la question est là.

Peut-être pour un chat n'est-ce pas le son, mais autre chose.

Ce grand naturaliste sud-africain, Eugene Marais, décrit dans son admirable livre *L'Ame de la fourmi blanche* comment il essaya de déterminer le mode de communication de certains scarabées. Il s'agissait précisément d'un scarabée *toktokkie*, qui ne possède pas d'organes auditifs; pourtant, quiconque a grandi dans le veld connaît son système de petits coups sonores. Il raconte comment il passa des semaines avec ce scarabée, à l'observer, à réfléchir et à tenter des expériences. Et puis soudain ce merveilleux moment d'intuition, quand il parvint à la conclusion, jusqu'alors invisible, que ce n'était pas le son, mais la vibration, que l'insecte employait : une vibration si subtile qu'elle nous échappe totalement. Et la symphonie de grésillements, de cliquetis, de crissements, de bourdonnements qui représente pour nous le monde des insectes – par une nuit chaude, par exemple – constitue pour eux des signaux d'un tout autre ordre, que nous sommes trop épais pour saisir. Bon, oui, bien sûr : évident. Dès qu'on le voit, en somme.

Sous notre nez se déroulent tous ces langages compliqués que nous ne savons pas interpréter.

On peut observer la même chose dix fois, quinze fois, en se disant : que c'est charmant, que c'est joli, ou bien : que c'est étrange, jusqu'au moment où soudain, de manière inattendue, la lumière se fait.

Par exemple : quand les petits de la chatte noire parviennent au stade où ils savent marcher, survient toujours un moment où la chatte grise – mais jamais quand la noire est là – s'approche en catimini d'un chaton – et c'est là ce qu'il y a d'étrange – comme si les chatons constituaient un phénomène nouveau, comme si elle n'en avait elle-même jamais eu. Elle s'approche par derrière, ou sur le côté. Elle le renifle, tend une patte expérimentale, prudente : peut-être même lui donnera-t-elle un ou deux rapides coups de langue. Mais jamais en face. Pas une seule fois je ne l'ai vue approcher de face. Si les chatons se retournent vers elle, peut-être même avec une curiosité amicale, sans la moindre hostilité, la chatte grise crache, recule, et son poil se hérisse – quelque mystérieux mécanisme l'alerte.

Je croyais que c'était là un réflexe particulier à la chatte grise, à qui ses instincts sexuels et maternels ont été dérobés, et qui est tellement froussarde. Mais il y a environ deux semaines, un tout petit chat de cinq semaines effectuait sa première sortie dans le jardin : il reniflait, regardait, s'aventurait. Son père, le chat blanchâtre, survint; et exactement de la même façon que la chatte grise, en rampant avec circonspection. Il renifla le chaton par derrière. Le chaton se retourna et fit face à la nouvelle créature, et aussitôt le gros chat s'enfuit, sifflant de peur, *menacé* par cette minuscule chose qu'il aurait pu tuer d'un seul coup de mâchoire.

Est-ce donc que la nature protège une minuscule créature des adultes de sa propre espèce, pendant la période où il ne peut pas se défendre par la force?

Chapitre quatorze

Les chattes ont maintenant quatre ans et deux ans.

La grise n'a pas encore parcouru la moitié de son existence – si elle a de la chance.

Il y a quelque temps, elle n'était pas rentrée quand nous nous couchâmes. Elle ne reparut pas de la nuit. Le lendemain, pas de chatte grise. La nuit suivante, puisque la chatte grise n'occupait pas la position de prestige, la noire s'en empara.

Le jour suivant, je mis en marche tous les mécanismes de défense : bah, ce n'est jamais qu'un chat, etc. Et j'entrepris les démarches de routine : quelqu'un aurait-il vu une chatte grise d'allure siamoise, avec un ventre crème et des taches noires? Non, personne ne l'avait vue.

Eh bien, voilà, la prochaine fois que la chatte noire aurait des petits, nous en garderions un, et nous aurions enfin dans la maison deux chats amis, qui se plairaient ensemble.

Après quatre jours d'absence, la chatte grise reparut, courant sur les murs. Peut-être avait-elle été volée, et s'était-elle échappée; peut-être avait-elle séjourné dans une famille d'admirateurs.

La chatte noire ne manifesta aucune joie de la revoir.

De temps en temps, quelqu'un de la maison sermonne les chattes, croyant n'être entendu de personne : Idiotes, petites sottes, pourquoi ne pouvez-vous donc pas être amies? Songez un peu à tout le plaisir dont vous vous privez, imaginez comme ce serait agréable!

La semaine dernière, j'ai marché sur la queue de la chatte grise par erreur : elle a poussé un cri, et la noire s'est élancée pour tuer : réflexe instantané. La chatte grise avait perdu la faveur et la protection, crut la noire, le moment était donc venu.

Je présentai mes excuses à la chatte grise, les caressai toutes les deux. Elles acceptèrent ces petites attentions tout en se guettant du regard, puis elles repartirent chacune de son côté vers leurs soucoupes séparées, leurs coins séparés pour dormir. La chatte grise se roule sur le lit, bâille, ronronne, fait des grâces : chatte favorite, chatte maîtresse, chatte reine par le droit de la force et de la beauté.

Quant à la chatte noire, elle s'installe volontiers, ces temps-ci – elle n'a pas de petits en ce moment – dans un coin du vestibule où elle se tient dos au mur et peut guetter les éventuels envahisseurs venant du jardin, ainsi que les allées et venues de la chatte grise dans l'escalier.

Quand elle somnole, les yeux mi-clos, elle devient ce qu'elle est vraiment, quand la maternité ne la pousse pas à un excès de dévotion. Une belle petite bête saine, toute noire, avec un noble profil incurvé et distant.

« Chatte des ombres! Chatte plutonique! Chatte d'alchimiste! Chatte de minuit! »

Mais la chatte noire ne s'intéresse pas aux compliments, aujourd'hui, elle ne veut pas qu'on la dérange. Je lui caresse le dos; elle se redresse légèrement. Elle émet un vague ronronnement, par politesse à l'égard de l'étrangère que je suis, puis fixe son regard sur l'infini, plongée dans l'univers qui se dissimule derrière ses yeux jaunes.

Du même auteur
aux Éditions Albin Michel

LE CARNET D'OR

*

LES ENFANTS DE LA VIOLENCE – I

*

L'ÉCHO LOINTAIN DE L'ORAGE
(LES ENFANTS DE LA VIOLENCE – II)

*

LA CITÉ PROMISE
(LES ENFANTS DE LA VIOLENCE – III)

*

L'ÉTÉ AVANT LA NUIT

*

NOUVELLES AFRICAINES

traduits de l'anglais
par Marianne Véron

Cet ouvrage
a été composé
et achevé d'imprimer
en août 1983
par l'Imprimerie Floch à Mayenne
pour les Éditions Albin Michel

AM

N° d'édition 8077. N° d'impression 20637
Dépôt légal : octobre 1983

IMPRIMÉ EN FRANCE